D1685990

Kilo Motivė

Design graphique : François Daxhelet
Révision : Brigitte Lépine
Correction : Céline Vangheluwe
Infographie : Patrice St-Amour, Johanne Lemay

Catalogage avant publication de Bibliothèque et Archives
nationales du Québec et Bibliothèque et Archives Canada

Bourgeois, Guy

    Kilo motivé : un coaching personnalisé pour une perte de
poids durable

    ISBN 978-2-7619-3450-3

    1. Perte de poids - Aspect psychologique. 2. Motivation
(Psychologie). 3. Accompagnement (Psychologie). I. Titre.

RM222.2.B682 2013   613.7'12019   C2012-942729-2

Gouvernement du Québec – Programme de crédit d'impôt
pour l'édition de livres – Gestion SODEC –
www.sodec.gouv.qc.ca

L'Éditeur bénéficie du soutien de la Société de développe-
ment des entreprises culturelles du Québec pour son
programme d'édition.

Conseil des Arts   **Canada Council**
du Canada   **for the Arts**

Nous remercions le Conseil des Arts du Canada de l'aide
accordée à notre programme de publication.

Nous reconnaissons l'aide financière du gouvernement du
Canada par l'entremise du Fonds du livre du Canada pour
nos activités d'édition.

05-13

Dépôt légal : 2013
Bibliothèque et Archives nationales du Québec
ISBN 978-2-7619-3450-3

DISTRIBUTEURS EXCLUSIFS :
Pour le Canada et les États-Unis :
MESSAGERIES ADP*
2315, rue de la Province
Longueuil, Québec J4G 1G4
Téléphone : 450-640-1237
Télécopieur : 450-674-6237
Internet : www.messageries-adp.com
*   filiale du Groupe Sogides inc.,
   filiale de Québecor Média inc.

Pour la France et les autres pays :
INTERFORUM editis
Immeuble Paryseine, 3, allée de la Seine
94854 Ivry CEDEX
Téléphone : 33 (0) 1 49 59 11 56/91
Télécopieur : 33 (0) 1 49 59 11 33
Service commandes France Métropolitaine
Téléphone : 33 (0) 2 38 32 71 00
Télécopieur : 33 (0) 2 38 32 71 28
Internet : www.interforum.fr
Service commandes Export – DOM-TOM
Télécopieur : 33 (0) 2 38 32 78 86
Internet : www.interforum.fr
Courriel : cdes-export@interforum.fr

Pour la Suisse :
INTERFORUM editis SUISSE
Case postale 69 – CH 1701 Fribourg – Suisse
Téléphone : 41 (0) 26 460 80 60
Télécopieur : 41 (0) 26 460 80 68
Internet : www.interforumsuisse.ch
Courriel : office@interforumsuisse.ch
Distributeur : OLF S.A.
ZI. 3, Corminboeuf
Case postale 1061 – CH 1701 Fribourg – Suisse
Commandes :
Téléphone : 41 (0) 26 467 53 33
Télécopieur : 41 (0) 26 467 54 66
Internet : www.olf.ch
Courriel : information@olf.ch

Pour la Belgique et le Luxembourg :
INTERFORUM BENELUX S.A.
Fond Jean-Pâques, 6
B-1348 Louvain-La-Neuve
Téléphone : 32 (0) 10 42 03 20
Télécopieur : 32 (0) 10 41 20 24
Internet : www.interforum.be
Courriel : info@interforum.be

Guy Bourgeois

Kilo Motivé

**Un coaching
personnalisé
pour une perte
de poids durable**

*Préface
d'Isabelle Huot*

LES ÉDITIONS DE
L'HOMME
Une société de Québecor Média

Mise en garde

Le livre que vous tenez entre les mains n'est pas un ouvrage didactique sur la santé, l'alimentation ou le conditionnement physique, mais plutôt le récit et les opinions d'un gars qui a été obèse pendant plus de 30 ans, qui a perdu 36 kg (80 lb) en 2005 et qui maintient son poids santé depuis.

Dans ce livre, je témoigne simplement de ce que j'ai fait pour perdre mon poids en trop une fois pour toutes. Je rapporte aussi des faits, des opinions, des constatations, des événements et des choses apprises durant ma période de perte de poids (et celle de ma femme), durant mes nombreuses conférences présentées en duo avec Isabelle Huot, diététiste et docteure en nutrition, et avec les quatre groupes du Défi Diète (organisé par *Le journal de Montréal* et *Le journal de Québec*) que j'ai *coachés* et aidés à se motiver à perdre du poids.

Mes expériences et ces faits sont aussi enrichis par les centaines de témoignages que j'ai reçus de gens en processus de perte de poids, ou encore qui ont atteint, comme moi, leur objectif de poids santé.

Je ne suis ni médecin ni nutritionniste et je ne détiens aucune formation professionnelle qui m'autoriserait à vous donner des conseils sur la meilleure façon de perdre du poids. Cependant, contrairement à plusieurs professionnels de la nutrition qui n'ont jamais perdu de poids, moi, je l'ai fait et en ce sens, je crois que ça me confère une certaine crédibilité. Je me dis aussi que si j'ai réussi, vous le pourrez vous aussi.

Je tiens quand même à préciser que le contenu de mon livre n'engage aucunement ma responsabilité, pas plus que celle de l'éditeur, des personnes qui y ont contribué ni des gens que je cite en exemple.

Guy Bourgeois

Préface

J'ai eu le bonheur de parcourir la province avec Guy lors de notre tournée «Motivation Poids Santé». À chaque conférence que nous donnions en duo, le public était captivé par les propos de Guy, qui racontait avec conviction la recette de son succès quant à sa perte de poids. Si les gens arrivaient un peu démotivés par leurs insuccès passés, ils ressortaient assurément le sourire aux lèvres, déterminés comme jamais à entreprendre un virage important. Du coup, j'ai compris à quel point la nutrition ou l'activité physique ne pouvaient donner de résultats concluants s'ils n'étaient pas accompagnés d'une bonne dose de motivation. Au Québec, les deux tiers de la population désirent perdre du poids. Bien que le souhait soit manifestement présent, la motivation fait souvent défaut, entravant le succès d'un programme de perte de poids. Les outils présentés dans ce livre complètent à merveille les conseils de nutrition que je donne pour maigrir sainement. Guy est non seulement un motivateur hors pair, mais il possède un atout majeur, puisqu'il a lui même perdu un nombre considérable de kilos et, preuve de motivation ultime, il maintient son poids santé depuis plusieurs années. Le voilà donc bien placé afin de livrer ses meilleurs trucs pour réussir une démarche santé.

Son implication au sein du Défi Diète du *Journal de Montréal* et du *Journal de Québec* ainsi que sa participation aux tomes 1 et 2 de *Kilo Cardio* ont touché des milliers de gens qui ont trouvé dans son témoignage l'étincelle pour amorcer un changement majeur dans leur vie: mettre leur santé en priorité! Que ce soit lors de salons du livre ou de conférences publiques, j'ai souvent été témoin des messages de gratitude de centaines de personnes qui venaient remercier Guy pour leur virage santé. Parfois désespérés, les participants au Défi Diète pouvaient compter sur le motivateur pour leur donner un nouveau souffle. Tous ont exprimé leur reconnaissance envers Guy, un des piliers de leur changement d'habitudes de vie.

Si, comme plusieurs, vous avez tout essayé pour perdre du poids et qu'après quelques jours vous abandonnez, faute de motivation, ce livre est pour vous! Cet ouvrage permet de comprendre les raisons qui entravent le processus, de suivre une méthode efficace basée sur le calcul des calories, de trouver des sources de motivation dans son quotidien et de comprendre les nombreux avantages à entreprendre une telle démarche. *Kilo Motivé* vous amènera à une réflexion importante sur ce qui vous a poussé à prendre du poids et ce qui contrecarre votre passage à l'action. C'est peut-être la première fois que vous aborderez votre excès de poids sous cet angle de réflexion et c'est sans doute aussi pourquoi vous entamerez votre démarche avec une réelle motivation, gage de succès à long terme. Dites-vous que les régimes yo-yo sont terminés et que vous vous faites le plus beau cadeau que vous pouvez vous offrir: celui d'être délivré de vos kilos en trop et d'améliorer significativement votre santé! Nul doute que vous serez alors nombreux à remercier Guy pour l'atteinte de votre objectif!

Bon succès et bonne santé!

ISABELLE HUOT, docteure en nutrition

Mot de l'auteur

J'ai eu deux vies. Celle d'avant ma perte de 36 kg (80 lb) et celle d'après. Cette perte de poids « voulue » a eu un effet extrêmement positif sur moi et elle a transformé ma vie sur plusieurs points.

L'une de ces transformations a été de devenir, un peu par hasard, une sorte de spécialiste en « motivation » pour tous ceux qui veulent perdre du poids. Depuis 2008, je ne compte plus les conférences que j'ai données sur le sujet, seul ou avec ma collègue la nutritionniste Isabelle Huot. Depuis cette même année, je suis aussi l'un des experts du Défi Diète du *Journal de Montréal* et du *Journal de Québec*. Ce qui m'a amené à *coacher*, chaque année, un groupe de 10 personnes en processus de perte de poids. Le succès en librairie des tomes 1 et 2 de *Kilo Cardio* a confirmé ce statut « d'expert ».

Personnellement, j'ai toujours été persuadé qu'une perte de poids durable doit toujours se réaliser d'abord dans la tête pour pouvoir ensuite se concrétiser dans la réalité.

Depuis la sortie des deux tomes de *Kilo Cardio,* je reçois chaque jour des courriels de personnes qui me demandent de leur indiquer comment trouver ou retrouver la motivation nécessaire pour perdre leur surplus de poids. Elles savent toutes très bien que pour perdre du poids, il faut manger moins et faire plus d'activité physique. Là n'est pas le problème.

Le véritable obstacle à une perte de poids durable réside dans le fait que, pour réussir, il faut être extrêmement MOTIVÉ tout au long du processus, et non pas seulement au départ. La motivation doit même se perpétuer au-delà de la période de perte de poids et perdurer à tout jamais, si on ne veut pas reprendre le poids perdu.

J'ai créé le programme présenté dans *Kilo Motivé* pour vous aider à atteindre ce haut niveau de motivation et à vaincre une fois pour toutes votre problème de poids. Calqué sur ce que j'ai moi-même fait en 2005, le programme de *Kilo Motivé* vous accompagnera au quotidien dans votre métamorphose.

Je sais que vous voulez perdre du poids depuis des années, mais cette fois-ci, c'est la bonne. Je ne vous dis pas bonne chance, je vous dis : bon succès !

Comment utiliser ce livre

Ce livre a été pensé pour être un outil de référence qui vous accompagnera durant votre perte de poids.

Kilo Motivé est votre motivateur en chef et votre coach personnel.

Il est conçu pour que vous l'ayez toujours à portée de la main. Il peut traîner sur le comptoir de la cuisine, se glisser dans votre sac d'ordinateur, votre sacoche ou dans la voiture. Il doit vous suivre partout et être à votre portée quand vous en avez besoin. Comme c'est un outil de motivation et non un livre de recettes, vous pouvez l'ouvrir à n'importe quelle page et vous tomberez toujours sur un texte, une idée ou une phrase qui vous donnera envie de continuer.

Il renferme des idées et des concepts pour vous motiver à entamer ou à poursuivre votre programme de perte de poids. Il vous aidera à détruire les excuses que vous entretenez depuis des années et vous donnera les raisons pour lesquelles vous devriez persister.

Kilo Motivé, c'est aussi un **coaching personnel** qui vous guidera durant 26 semaines afin de suivre vos progrès et de vous garder motivé, et cela, même au-delà de la période où vous perdrez du poids. Il vous donnera des « coups de pied au cul » (mentalement parlant) pour vous aider à raffermir votre motivation lorsqu'elle vacille.

Kilo Motivé est le seul outil du genre sur le marché. Si vous lui permettez de vous aider, il changera votre vie.

C'est ce que ces conseils ont fait pour moi.

Comment ce livre peut-il faire la différence?

Voici le genre de message que je reçois régulièrement :

Bonjour monsieur Bourgeois,

Depuis janvier, j'ai perdu 19 kg (42 lb) en suivant le programme de Kilo Cardio *et je fais beaucoup d'exercice. Il me reste encore 7 kg (15 lb) à perdre pour atteindre mon poids santé. Aujourd'hui, j'ai commencé des cours de* bootcamp. *C'est très difficile et je n'ai pas assez de souffle. J'ai le goût de tout abandonner. Pourtant, je suis très motivée. J'aimerais juste avoir un petit conseil, une phrase qui pourrait m'aider à voir cette difficulté autrement!*

Merci

Carole

Peu importe le programme alimentaire et d'entraînement que vous utiliserez pour perdre votre poids en trop, vous aurez toujours besoin de vous motiver et, parfois, comme Carole, vous serez « en panne » de motivation.

C'est pour vous que j'ai écrit *Kilo Motivé*! Pourvu que votre programme alimentaire et d'entraînement préconise une perte de poids allant de 0,5 à 1,5 kg (1 à 3 lb) par semaine, ce livre vous aidera grandement à faire qu'il soit un succès. Lorsqu'ils prônent une alimentation équilibrée et saine, **tous** les programmes de perte de poids offerts sur le marché sont efficaces.

Que vous le fassiez par vous-même, que vous ayez des rencontres hebdomadaires avec un groupe de soutien ou que vous soyez suivi par une nutritionniste ou par un entraîneur dans un centre d'entraînement, vous pouvez perdre vos kilos en trop, je vous le garantis.

Le seul défaut de ces autres programmes, c'est qu'ils ne misent pas sur l'aspect motivation, mais plutôt sur l'alimentation et l'activité physique. Même si les groupes de soutien qui accompagnent plusieurs programmes de perte de poids sont d'excellentes façons de s'encourager mutuellement, ils vont rarement au cœur des raisons profondes qui nous poussent à maigrir, et qui constituent la véritable source de motivation vers la réussite. Les tomes 1 et 2 de *Kilo Cardio*, auxquels j'ai collaboré avec mes collègues Isabelle Huot et Josée Lavigueur, étaient les premiers à incorporer des conseils pour «s'automotiver» dans le processus de perte de poids.

N'en doutez point, il est difficile de perdre du poids (vous le savez, n'est-ce pas?) et il est encore plus difficile de maintenir son nouveau poids pour toujours. C'est pourquoi, si vous n'êtes pas suffisamment «Kilo Motivé», vous ferez rechute après rechute et serez celui ou celle qui dira: «J'ai déjà perdu 20 kg (44 lb) il y a quelques années, mais j'en ai repris 10 (22 lb) depuis».

Comment avoir pu en reprendre 10? Simplement en relâchant sa motivation et en retombant dans ses anciennes habitudes de vie. Le programme de *Kilo Motivé* est conçu pour éviter ces rechutes en vous suivant sur une période de six mois. Vous pouvez même par la suite le recommencer pour une autre période de six mois si vous le désirez.

On perd nos kilos dans la tête avant de les perdre sur le pèse-personne

En avez-vous assez d'être continuellement frustré?

Avoir du poids en trop, peu importe la quantité, c'est vivre en état de continuelle frustration. Chaque jour, nous avons au moins une pensée à propos de notre poids en trop et sur le fait qu'il faudrait bien qu'on le perde. Si ce n'est pas en magasinant, c'est en passant devant un miroir, en montant un escalier ou en faisant l'amour. Ce désir de perdre du poids demeure en permanence dans notre esprit. Il est là, latent. Tantôt plus intense, tantôt moins, mais il est toujours là. Si vous êtes une femme, c'est encore plus vrai. Tout le monde sait que la majorité des femmes, même celles qui ont un poids santé, trouvent quand même qu'elles ont du poids à perdre. Imaginez la frustration qu'elles ressentent en elles-mêmes.

En plus d'être omniprésent dans nos pensées, ce maudit poids en trop change notre visage, notre démarche et notre maintien. Il nous déguise d'un manteau de graisse qui nous empêche, ainsi que les autres, de voir qui nous sommes vraiment. Il y a de quoi être frustré, n'est-ce pas? Plus le poids est élevé, plus la frustration est grande. Il me semble qu'il y a tellement de choses qui sont susceptibles de nous frustrer dans la vie et sur lesquelles nous n'avons aucun contrôle (comme le chauffard qui nous coupe le chemin) qu'il n'est pas nécessaire de se laisser frustrer par des choses sur lesquelles NOUS avons le contrôle. En passant, c'est la nouvelle que je vous annonce:

VOUS AVEZ LE CONTRÔLE TOTAL SUR VOTRE POIDS.

Pourquoi faut-il être «Kilo Motivé»?

C'est la première étape à franchir pour atteindre une fois pour toutes le fameux poids dont vous rêvez tant depuis des années.

Il n'est pas nécessaire d'avoir le corps de ces jeunes mannequins qui font la une des magazines ou celui des gars qui jouent dans les téléréalités, non! Il vous faut seulement le corps avec lequel vous vous sentez bien, à l'aise dans vos mouvements et pour faire votre train-train quotidien. Celui avec lequel vous aimez vous regarder dans le miroir. Mesdames, celui pour lequel il est facile de trouver de beaux vêtements à la mode à chaque saison. Messieurs, celui avec lequel, dans le vestiaire au hockey, vous ne vous ferez pas agacer par les *boys*. Juste celui-là. Le corps qui est le vôtre naturellement.

C'est aussi le corps qui maximise votre santé. Celui qui vous donne le plus de chances de repousser le plus loin possible les maladies reliées au vieillissement, et qui éloigne d'une décennie l'échéance de la mort.

Voici les principales raisons d'être Kilo Motivé. Mais vous avez les vôtres. Quelles sont-elles ? Il vous faut les découvrir. Ce livre va vous aider à le faire. Nous y reviendrons.

Le « mental »

En 2005, après 30 ans d'obésité et de multiples pertes et reprises de poids, j'ai enfin décidé de changer mes habitudes alimentaires (et de vie) pour de bon. Cette décision n'a pas été facile à prendre. Après avoir perdu et repris, et perdu et encore repris des dizaines de kilos, on dirait que le « mental » n'y croit plus et qu'il vient toujours nous susurrer à l'oreille : « Tu essaies encore ? Ben voyons, tu sais que c'est peine perdue ! » C'est peut-être votre cas.

Le mental. Le fameux mental. Le grand maître de tout. Mais en 2005, il y avait un petit quelque chose de différent dans mon mental. Je savais qu'il fallait que je change mes habitudes alimentaires et que je fasse des efforts pour m'entraîner. En septembre 2005, ce petit quelque chose de différent me permettait enfin de croire que cette fois serait la bonne.

Ce petit quelque chose est tout simple. Juste une idée qui est entrée dans ma tête, probablement à cause des multiples frustrations – reliées à mon obésité – que je vivais à l'époque. L'idée que, cette fois-là, je changerais mes habitudes de vie pour le reste de mes jours.

Finis, les « Je vais donner un coup pendant quelques mois et après cela, je vais être débarrassé ». J'en avais vraiment assez de vivre avec du surpoids. Et ça m'a soudainement sauté aux yeux : à quoi ça rime de faire attention à ce que je mange seulement le temps nécessaire pour perdre mes 36 kg (80 lb) en trop ? J'ai réalisé que pour avoir un poids santé toute ma vie, je devais bel et bien mener un « combat à vie ».

Au début, cette façon de voir me faisait peur, mais comme j'étais vraiment «tanné» d'être gros, j'étais prêt à faire ce changement mental. Peut-être êtes-vous rendu, vous aussi, à ce stade mais que vous avez encore des doutes? Peu importent vos doutes, je vous certifie que l'enjeu en vaut la chandelle et que c'est beaucoup plus facile que ça en a l'air.

Même si, en cours de processus, vous traverserez des hauts et des bas et aurez plusieurs combats «psychologiques» à livrer, lorsque vous aurez réussi, vous oublierez tout cela. Tous les témoignages que je reçois de gens qui ont réglé leur problème de poids ne font jamais état de la difficulté à le perdre, mais toujours de l'énorme satisfaction qu'ils éprouvent à l'avoir perdu.

Gardez en tête que... lorsque vous aurez atteint votre poids santé, vous ne vous souviendrez jamais des efforts que vous avez dû faire, mais toujours du bonheur qu'ils ont engendré.

Les mythes et les croyances

La perte de poids est tellement devenue une préoccupation constante dans l'ensemble de la population occidentale qu'il est normal que beaucoup de mythes et de croyances gravitent autour du sujet.

À force d'être colportés ici et là, ces mythes et ces croyances deviennent, pour la plupart des gens, des vérités. Tout au long du livre, vous retrouverez des encadrés dans lesquels je les détruirai les uns après les autres. Lorsqu'on veut perdre du poids de manière durable, il faut être le mieux informé possible.

Ma première motivation : les chiffres

Lorsque nous avons du poids en trop, nous recherchons tous les meilleures façons de maigrir. Ce fut mon cas. Toute ma vie, j'ai cherché «le» régime idéal et surtout celui qui me demanderait le moins d'efforts possible.

Des questions me trottaient sans cesse dans la tête. Était-ce uniquement une question d'entraînement? De combinaisons alimentaires? De couper le sucre et le gras? Honnêtement, j'ai longtemps été dans la confusion et j'avais de la difficulté à imaginer ce que je devais faire précisément pour régler mon problème. Je pense que la plupart des gens sont comme moi.

> Lorsque ma nutritionniste m'a expliqué que la perte de poids, c'est simplement une question de mathématiques, tout s'est éclairci pour moi. À partir de ce moment, j'ai compris que je pouvais y arriver et ma motivation a «grimpé au plafond».

Vous faites un budget? J'imagine que oui. Alors, il est probable que vous notez vos revenus et vos dépenses afin qu'il soit équilibré et de vous assurer que vos dépenses n'excèdent pas vos revenus.

C'est la même chose pour votre poids. Vous êtes le ministre des Finances de votre poids. **Vos revenus,** c'est le total de calories que vous mangez et buvez au quotidien. **Vos dépenses,** c'est l'énergie que vous dépensez pour vivre, vaquer à vos diverses occupations et pratiquer vos activités physiques favorites.

Lorsqu'il y a plus de revenus que de dépenses (chose souhaitable dans votre vie économique, mais pas dans votre vie active), le corps, économe, va stocker les surplus sous forme de graisse en prévision des jours de vaches maigres. Le «problème» c'est que dans notre société moderne,

① comme les jours de famine sont peu nombreux, les surplus économisés ne sont jamais utilisés. Si ce déséquilibre est maintenu pendant des années, les surplus s'accumulent au point de devenir un énorme inconvénient du point de vue de l'image corporelle et de la santé.

② Pour éliminer les surplus, il faut donc, pendant un certain temps, que vos dépenses soient plus importantes que vos revenus afin que votre corps utilise ces épargnes comme source d'énergie. Quand ces surplus auront été «dépensés», vous pourrez revenir à l'équilibre budgétaire en matière d'alimentation et de dépenses caloriques.

Dans le fond, la perte ou la prise de poids chez l'être humain n'est pas compliquée à comprendre. C'est uniquement une question de calcul des CALORIES.

» La prise de poids est occasionnée par la surconsommation de calories.

» La perte de poids est occasionnée par la sous-consommation de calories.

Tout ce que vous mangez et buvez (ou presque) contient des calories. Pour perdre du poids ou ne pas engraisser, il faut faire une comptabilité quotidienne. Certains se diront : «Je ne vais pas commencer à compter mes calories quotidiennes pour le reste de mes jours!»

C'est comme vous voulez, mais votre corps, lui, compte toutes les calories.

Pour vaquer à ses occupations normales et faire fonctionner son corps au quotidien, une personne de grandeur et d'âge moyens a besoin de:
» 1800 Calories* par jour pour les femmes;
» 2350 Calories par jour pour les hommes.

Retenez ces nombres, ils vont changer à tout jamais votre perception de votre alimentation. Ils représentent l'équilibre budgétaire. Vous n'avez qu'à faire le calcul quotidiennement et le tour est joué! Évidemment, ce total est variable selon l'individu. Il peut être plus élevé si vous êtes jeune (moins de 30 ans), que vous êtes particulièrement grand ou encore que vous avez un travail exigeant physiquement. Il peut aussi être inférieur si vous avez plus de 50 ans ou si vous êtes beaucoup plus petit que la moyenne.

Il faut savoir que si vous avez plusieurs kilos en trop, votre dépense énergétique actuelle est probablement plus élevée que 1800 Calories si vous êtes une femme et 2350 Calories si vous êtes un homme. Votre corps doit travailler plus fort, il dépense donc plus d'énergie pour maintenir votre poids en trop.

Récapitulons. En théorie, une dame de taille moyenne qui fait peu d'activité physique, qui mange et boit 1800 Calories par jour, peu importent les aliments, n'engraissera ni ne maigrira JAMAIS. Même chose pour un homme dans la même situation qui absorbe 2350 Calories par jour.

De façon plus précise, voici les besoins énergétiques estimés selon l'âge, le sexe et le niveau d'activité, tels que recommandés par le Guide alimentaire canadien:

---

* 1 Calorie = 1 kilocalorie (kcal).

	Nombre de Calories à consommer par jour			
	Âge	Sédentaire*	Peu actif**	Actif***
Homme	14 - 16 ans	2300	2700	3100
	17 - 18 ans	2450	2900	3300
	19 - 30 ans	2500	2700	3000
	31 - 50 ans	2350	2600	2900
	51 - 70 ans	2150	2350	2650
	71 ans et plus	2000	2200	2500
Femme	14 -16 ans	1750	2100	2350
	17 - 18 ans	1750	2100	2400
	19 - 30 ans	1900	2100	2350
	31 - 50 ans	1800	2000	2250
	51 - 70 ans	1650	1850	2100
	71 ans et plus	1550	1750	2000

Source : http://www.hc-sc.gc.ca/fn-an/food-guide-aliment/basics-base/1_1_1-fra. php

Note : Les valeurs présentées plus haut sont des approximations calculées à partir de la taille et du poids médians au Canada. Il est possible que vos besoins personnels soient différents de ces valeurs. Ces valeurs ne conviennent pas aux femmes enceintes et à celles qui allaitent.

Pour déterminer votre niveau d'activité

* Sédentaire : Votre journée type comporte peu de mouvements (ex. : longues périodes assises, travail à l'ordinateur, recours fréquent aux transports motorisés), et vous faites peu d'activité physique dans vos temps libres.

** Peu actif : Votre routine quotidienne comporte certaines activités physiques (ex. : se rendre à pied jusqu'à l'arrêt d'autobus, tondre le gazon, déneiger) auxquelles vous ajoutez d'autres activités physiques dans vos temps libres.

*** Actif : Vos tâches quotidiennes comportent certaines activités physiques et vous cumulez au moins deux heures et demie d'activité aérobique d'intensité modérée à vigoureuse par semaine. Ce type d'activité accélère la respiration et le rythme cardiaque.

Les valeurs caloriques précédentes sont calculées en fonction d'un indice de masse corporelle (IMC) correspondant à un poids santé. L'IMC permet de déterminer le risque de développer des problèmes de santé associés au poids.

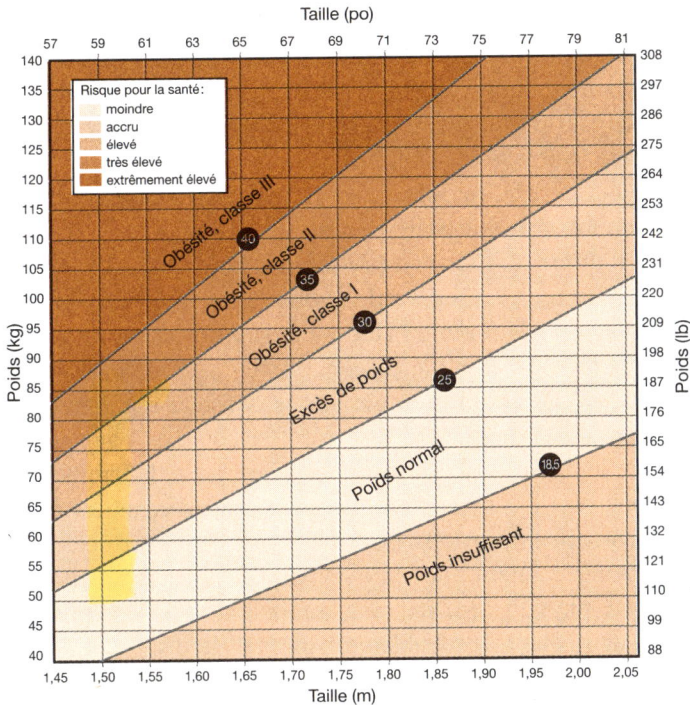

Taille (po)

Risque pour la santé:
- moindre
- accru
- élevé
- très élevé
- extrêmement élevé

Poids (kg)

Obésité, classe III
Obésité, classe II
Obésité, classe I
Excès de poids
Poids normal
Poids insuffisant

40
35
30
25
18,5

Poids (lb)

Taille (m)

Source : Santé Canada. Lignes directrices canadiennes pour la classification du poids chez les adultes. Ministre des Travaux publics et Services gouvernementaux du Canada, 2003.

Pour connaître votre IMC, trouvez le point d'intersection de votre taille et de votre poids. Par exemple, un poids de 69 kg et une taille de 1,73 m donnent un IMC d'environ 23, qui représente un poids santé.

L'IMC peut aussi être calculé grâce à la formule suivante :
$$IMC = \text{poids en kg} / (\text{taille en m})^2$$
$$\text{ou } IMC = \text{poids en lb} / (\text{taille en po})^2 \times 703$$

L'injustice féminine

Même si personne n'y peut rien, je dois quand même avouer que les femmes, en matière de prise et perte de poids, ne l'ont pas facile. Loin de moi le désir de vous démotiver, mesdames, ou de vous donner une autre excuse pour NE PAS le faire, bien au contraire. Mais plus vous serez conscientes de ce fait, plus il vous sera possible de perdre du poids et de maintenir votre poids santé par la suite.

Vous devrez toujours manger moins et vous entraîner plus qu'un homme pour perdre le même poids. Et vous aurez toujours tendance à prendre du poids plus facilement que les hommes. Que voulez-vous, c'est une question de métabolisme! L'homme brûle plus de calories en une journée que la femme, la vie est ainsi faite.

Je vous donne un exemple que je constate régulièrement lorsque j'observe les gens qui m'entourent. Les couples ont souvent les mêmes habitudes de vie, l'homme et la femme font le même type d'activité physique, mais surtout mangent à peu près les mêmes portions. Mesdames, si c'est votre cas, que vous mangez autant que votre conjoint et faites le même type d'activité physique que lui, vous aurez tendance à prendre du poids, alors que lui probablement pas, ou moins.

Encore hier, au resto, j'ai vu un homme et une femme en couple qui ont tous les deux commandé une salade en entrée, une assiette de côtes levées et ont partagé une bouteille de rouge. Les deux ont mangé leur portion au complet. Eh bien, si cette situation se reproduit repas après repas, jour après jour, il est évident qu'avec le temps, madame va faire plus d'embonpoint que monsieur. Ce qui était d'ailleurs le cas chez le couple en question.

Mesdames, vos portions doivent toujours être plus petites que celles des hommes, pour un même niveau d'activité.

C'est injuste? Révoltant? Peut-être. Mais c'est la pure réalité.

La mise en application

Maintenant que l'on comprend mieux comment atteindre l'équilibre énergétique (calorique), voyons ensemble ce qu'il convient de faire afin de perdre du poids.

Tout d'abord, voici un autre nombre qui m'a énormément motivé et qui est aussi très important : 3850.

» 0,5 kg de poids superflu = 3850 Calories (1 lb = 3500 Calories).

» En consommant 3850 Calories de PLUS que vous ne dépensez, vous pouvez PRENDRE 0,5 kg.

» En consommant 3850 Calories de MOINS que vous ne dépensez, vous pouvez PERDRE 0,5 kg.

Il y a donc deux façons de perdre du poids :
– manger et boire moins de calories sans modifier vos habitudes par rapport à l'activité physique ;
– faire plus d'activité physique sans changer le nombre de calories que vous ingérez.

Encore mieux : Faites les deux en même temps ! Peu importe votre situation personnelle, il est certain qu'en réduisant votre apport calorique quotidien et en faisant plus d'exercice, vous perdrez du poids.

Attention : Le corps n'a pas seulement besoin que d'énergie (calories). L'alimentation fournit des vitamines, minéraux et un grand nombre d'éléments essentiels au fonctionnement de l'organisme. Réduire votre apport calorique de façon trop importante pourrait entraîner des carences et nuire à votre santé. Consultez un professionnel de la santé pour vous aider à déterminer le nombre de calories que vous devriez ingérer afin de perdre du poids de façon saine... Et revenez vous motiver dans *Kilo Motivé* pour assurer votre succès !

Ce que j'ai fait

De 15 à 45 ans, j'ai pesé 109 kg (240 lb). Toute ma vie adulte, j'ai consommé plus de calories que mon corps n'avait besoin. J'ai donc accumulé et maintenu de grandes quantités de graisse d'année en année.

Étant un homme qui fait peu d'activité physique, pour avoir un poids santé et le maintenir, je dois consommer 2350 Calories par jour. En septembre 2005, j'ai décidé de **consommer 450 Calories de MOINS par jour.** J'ai donc supprimé ± 150 Calories dans chacun de mes repas. Ce fut très facile à faire.

En plus, j'ai augmenté mon activité physique quotidienne afin de **brûler environ 100 Calories de PLUS par jour.** Comme vous le voyez, il n'y avait rien de draconien dans mes changements d'habitudes. Diminuer un peu mon apport en calories. Augmenter un peu mon activité physique. J'avais donc **± 550 Calories de MOINS chaque jour** dans mon budget calorique.

550 Calories de moins par jour X 7 jours = 3850 Calories de moins par semaine = 0,5 kg perdu.

C'est ainsi que j'ai perdu environ un demi-kilo par semaine pendant 80 semaines. C'est le choix que j'ai fait. Je ne voulais pas « m'écœurer » avec un programme alimentaire et d'entraînement trop contraignant et abandonner quelques semaines plus tard. Ça m'était arrivé à trois autres reprises auparavant. J'ai donc opté pour la stratégie du marathonien plutôt que pour celle du sprinter. J'ai eu raison.

MYTHES & CROYANCES

« LORSQUE JE MANGE TROP, JE PEUX COMPENSER EN M'ENTRAÎNANT PLUS LE LENDEMAIN »

Beaucoup de gens pensent que l'entraînement suffit, qu'il n'est pas nécessaire de faire attention à ce qu'on mange. J'entends régulièrement ceci : « Ce n'est pas grave si je mange un morceau de gâteau, je vais jogger 1 km de plus demain ! »

Attention ! Le fait de réduire son alimentation quotidienne compte pour 75 % du succès d'un bon programme de perte de poids et l'entraînement compte pour 25 %, mais les gens ont tendance à sous-estimer l'apport calorique de la nourriture et à surestimer la dépense calorique de l'activité physique.

En effet, pour brûler l'équivalent en calories de votre morceau de gâteau, ce n'est pas 1 km en plus, mais environ 5 km EN PLUS de votre entraînement habituel que vous devrez jogger. Si votre entraînement cardio habituel est de 30 minutes, allez-vous réellement en doubler la durée pour un simple morceau de gâteau que vous aurez oublié le lendemain ? Arrêtez de vous raconter des histoires. Manger moins sera toujours plus facile que s'entraîner plus.

Pour vous aider à calculer la dépense calorique de vos activités, consultez le tableau de la page 241. La grande majorité des appareils d'entraînement (tapis roulant, vélo stationnaire, rameur, appareil elliptique, etc.) permettent d'estimer la dépense calorique selon votre poids, ainsi que la durée et l'intensité de l'activité physique.

Ce que ma conjointe a fait

Ma conjointe, qui a le même âge que moi, a fait à peu près la même chose. Elle a mangé et bu un total de 1500 Calories par jour, en plus d'augmenter son activité physique quotidienne pour perdre environ 150 Calories par jour. Elle a maigri de 29 kg (65 lb) en 65 semaines, et elle maintient son poids depuis ce temps.

Pour nous, ç'a été une excellente façon de perdre du poids de manière agréable, sans modifier radicalement notre alimentation.

Cette façon de faire facilite aussi l'adaptation à ces nouvelles habitudes d'alimentation et d'exercice afin qu'elles ne soient pas de courte durée, malgré qu'elles soient difficiles à maintenir au quotidien.

Vive les informations nutritionnelles!

Je ne sais pas qui a fait voter la loi sur l'affichage alimentaire, mais je le remercie du fond du cœur. Dans beaucoup de pays, les lois obligent maintenant les manufacturiers à afficher les informations nutritionnelles sur chaque emballage. Certains restaurants affichent même le nombre de calories des mets dans leur menu et sur leur site Internet.

Dans cet exemple de tableau d'information nutri-

Valeur nutritive		
par 125 mL (87 g)		
Teneur		% valeur quotidienne
Calories 80		
Lipides 0,5 g		1 %
saturés 0 g		0 %
+ trans 0 g		
Cholestérol 0 mg		
Sodium 0 mg		0%
Glucides 18 g		6%
Fibres 2 g		8 %
Sucres 2 g		
Protéines 3 g		
Vitamin A 2%	Vitamin C	10%
Calcium 0%	Fer	2%

tionnelle, vous avez, en haut à gauche, le nombre de calories inscrit pour une portion donnée. Par exemple, si vous regardez sur votre emballage de pain tranché, vous verrez que chaque tranche contient environ 100 Calories (ça peut varier d'une marque à l'autre). Même chose pour la tablette de chocolat que vous achetez, qui contient entre 250 et 400 Calories.

Vous trouverez en page 236 un tableau qui vous donne le nombre de calories pour plusieurs aliments non étiquetés, comme les fruits et les légumes. Il existe de plus de nombreux sites Web et même des applications pour téléphones intelligents qui constituent de véritables banques de données sur le contenu en calories et en nutriments de centaines de milliers d'aliments. Si vous êtes de type visuel, vous pouvez aussi feuilleter l'excellent livre *Kilo Solution* de ma collègue Isabelle Huot, qui vous démontrera (une image vaut mille mots) les apports caloriques de ce que vous mangez quotidiennement.

Pour moi, c'est devenu un réflexe. Chaque fois que je fais l'épicerie, avant de mettre un nouveau produit dans mon panier, je regarde la fiche d'information nutritionnelle et je la compare avec un autre produit équivalent, tant sur le plan des calories que des autres éléments nutritifs. À partir de ces informations, je fais mon choix.

Avec le temps, on vient à connaître le nombre de calories des produits qu'on consomme souvent, et il devient beaucoup plus facile de choisir ses aliments.

L'industrie alimentaire a d'ailleurs compris le message et a commencé à proposer des produits qui contiennent seulement 100 Calories. Vous pouvez même trouver des barres de chocolat, des sacs de croustilles et même des friandises glacées contenant 100 Calories par portion. Comme quoi il est possible de se faire plaisir de temps à autre sans tomber dans les excès.

Ainsi, c'est un jeu d'enfant de tenir une comptabilité quotidienne des calories que vous ingurgitez. Dans la section «Votre coaching Kilo Motivé» de ce livre, vous pourrez facilement comptabiliser vos calories quotidiennes. Pour les mordus de technologie, il existe même plusieurs applications iPhone qui peuvent faire cette comptabilité pour vous. Après un certain temps, vous en viendrez probablement, comme moi, à le faire mentalement, de façon automatique.

À bas les régimes miracles

Comme j'ai toujours voulu perdre du poids, j'ai bien sûr essayé plusieurs types de régimes. Parmi ceux-ci, il y a évidemment eu quelques régimes qualifiés de « miracles ». Vous savez, comme celui qui est suggéré par une belle-sœur qui connaît une amie qui a perdu 15 kg (33 lb) en mangeant uniquement des bananes...

Il y a des milliers de régimes « miracles » et ils sont tous tentants. Il y a ceux qui favorisent les glucides ou encore les régimes protéinés. Il y a aussi ceux où l'on doit enlever de son alimentation les aliments qui commencent par la lettre P (pain, patates, pâtes) les lundis, mercredis et vendredis, mais qui les permettent les autres jours. Il y a aussi le régime à la soupe aux choux, ou encore le fameux régime Hollywood. Sans blague, on invente un régime miracle chaque jour. J'ai même déjà entendu parler d'un régime à la bière. Il y a aussi une nouvelle tendance qui vient d'arriver sur le marché. Ça s'appelle le « forking ». C'est simple, il faut manger uniquement ce qui se mange avec une fourchette. Ben voyons donc, nous prenez-vous pour des valises?

J'ai moi-même essayé le régime aux protéines liquides. Évidemment, j'ai perdu du poids rapidement : 15 kg (33 lb) en 30 jours. Avouez que c'est efficace. Mais le problème, c'est que je n'ai pas appris à prendre de nouvelles habitudes alimentaires. Résultat : dès que ce fut fini, je suis retourné à ma routine et j'ai repris tout le poids perdu, et même plus. Je suis certain que vous connaissez des gens qui ont vécu quelque chose de semblable.

Depuis ma collaboration avec Isabelle Huot durant la tournée de conférences « Motivation Poids Santé », je l'ai entendue à maintes reprises expliquer pourquoi les régimes « miracles » ne fonctionnent pas.

MYTHES & CROYANCES

PERDRE 4,5 KG (10 LB) EN UNE SEMAINE

Voilà un mythe tenace. Ma nutritionniste m'a spécifié que lorsque nous perdons du poids à un rythme plus rapide que 1 à 1,5 kg (2 à 3 lb) par semaine, c'est en fait beaucoup d'eau que nous perdons et certainement pas seulement du gras. Le corps étant privé à l'extrême, il puise d'abord dans ses réserves de glycogènes (sucres) avant de brûler des graisses, ce qui amène une perte d'eau importante. C'est une réaction normale du corps humain. Un peu comme un boxeur qui, pour satisfaire la «pesée», peut perdre jusqu'à 2,5 kg (6 lb) en une heure seulement en s'entraînant à fond, mais qui reprendra ce poids dès le lendemain en se réhydratant et en mangeant.

On peut donc conclure que perdre du poids très rapidement donne l'illusion de maigrir, mais que ce n'est pas vraiment le cas puisqu'en fait, la perte de poids est en bonne partie due à la déshydratation. Dès que vous recommencerez à manger et à boire, vous reprendrez vos kilos, ou au moins une bonne partie d'entre eux. C'est en fait un peu ironique que certaines personnes croient que perdre du poids si rapidement est possible. Elles veulent perdre du poids pour améliorer leur santé, mais pour y arriver, elles suivent un régime de «fou» qui risque de nuire à leur santé.

Arrêtez de rêver en couleurs.
Les miracles, ça n'existe pas.

Pour moi, il est ridicule de penser que pour perdre du poids plus vite (et sans effort) on doit s'astreindre à manger des choses inhabituelles, à faire des combinaisons alimentaires qui n'ont aucun bon sens ou à manger de manière illogique. Notre organisme n'est pas fait pour cela.

Surtout qu'avec ces régimes, vous ne changez pas vos habitudes alimentaires à long terme.

Donc, quand vous aurez terminé votre régime « miracle », il y a de fortes chances que vous reveniez à vos anciennes habitudes. Ça m'est arrivé à trois reprises à l'âge de 25, 30 et 35 ans. J'ai perdu 10, 15 et 20 kg (20, 33 et 45 lb) avec ce genre de régimes. J'ai toujours repris le poids perdu dans les mois qui suivaient. Vous aussi, n'est-ce pas ?

Lors de ma perte de 36 kg (80 lb) en 2005, j'ai mangé de tout, je vous le jure, mais en quantité réduite (1850 Calories par jour). Et aujourd'hui, après six ans, je maintiens toujours mon poids et mange encore de tout, jusqu'à concurrence de 2350 Calories par jour.

Finis, le *fast food* et les sucreries ? Faux !

Trop de gens croient que pour perdre du poids et maintenir un poids santé, on doit s'interdire de manger ce que l'on « aime ». Si je me fie à mon expérience, il faut seulement en contrôler les quantités et veiller à un équilibre calorique.

J'ai toujours été un amateur de desserts. Comme disent plusieurs, je suis une « bibitte à sucre ». J'aime aussi aller manger dans des restaurants de *fast food* à l'occasion. J'apprécie un bon cheeseburger avec des frites de temps en temps. J'adore également aller à la cabane à sucre et bruncher avec des amis. L'été, je mange aussi régulièrement de la crème glacée molle.

Enfin, je fais des croisières et vais dans des « tout inclus » quelquefois. Pas besoin de vous dire combien il est facile de s'empiffrer lors de tels voyages. Pourtant, je maintiens toujours, depuis 7 ans, un poids qui varie entre 72 et 73 kg (160 et 163 lb).

Comment est-ce que je fais ?
C'est simple. Je compense.

Si je vais manger à la cabane à sucre, que je prends un repas de 1550 Calories pour le dîner, je mange 400 Calories pour souper (deux œufs cuits durs et un yogourt). Comme mon déjeuner est souvent composé de deux rôties avec du beurre d'arachide (400 Calories), à la fin de la journée, le compte y est. J'ai ingéré mes 2350 Calories et je ne prends pas de poids. Ma conjointe, qui a perdu 29 kg (65 lb) et qui maintient toujours son poids, fait la même chose en se basant sur un total de 1800 Calories.

Je suis certain que vous êtes comme moi. Vous voulez perdre du poids, mais vous ne pouvez vous imaginer de ne plus JAMAIS manger (ou boire) ce que vous aimez tant pour le reste de vos jours. Eh bien, prenez mon exemple :

Il est possible de garder ses petits plaisirs, mais avec modération et discipline.

N'est-ce pas une bonne nouvelle ?

MYTHES & CROYANCES

LE *FAST FOOD* FAIT ENGRAISSER

Voilà encore un autre mythe. Le fameux film *Super Size Me* a beaucoup contribué à le propager. Même si certains aliments préparés dans la restauration rapide sont effectivement plus gras, c'est aussi le cas des mets préparés que vous achetez en épicerie, ainsi que des assiettes des restaurants gastronomiques, où l'on ajoute vin et crème dans toutes les sauces.

Ce n'est pas parce que c'est fait rapidement que ça fait engraisser. C'est parce que c'est riche en calories ! Et des aliments riches, il y en a partout. Là encore, tout dépend de la quantité !

Je vous suggère encore de lire les informations nutritionnelles sur les emballages et de lire les dépliants fournis par les restaurants de *fast food*. Ça vous permettra de savoir ce que vous mangez vraiment.

MYTHES & CROYANCES

Laissez-moi vous raconter une anecdote personnelle. En 2010, la ville de New York a adopté une loi qui force l'industrie alimentaire à diminuer le sodium et les gras trans dans les aliments préparés. Lors d'un week-end en amoureux dans cette ville, ma conjointe et moi sommes allés manger un *cupcake* dans le fameux restaurant fréquenté par les héroïnes de la série *Sex and the City*. Nous étions en plein milieu de l'après-midi et n'avions pas faim du tout, mais comme elle a insisté pour m'y amener et que c'était un week-end d'amoureux, je ne m'y suis pas opposé. ; -)

Sur le menu, à côté de chaque dessert offert, était affiché le nombre de calories par portion de celui-ci. Il y en avait un qui me semblait particulièrement succulent, un gâteau au fromage de style «New York». Le hic, c'est qu'il affichait 700 Calories. Wow! Ça fait beaucoup de calories ça! Après une mûre réflexion de deux secondes, je l'ai quand même acheté et mangé. Il était excellent et je ne l'ai pas regretté. Devinez ce que j'ai fait au repas suivant. Vous le savez maintenant. J'ai compensé.

Les calories liquides, des traîtresses à surveiller

Les boissons gazeuses, les jus, la bière et la fameuse coupe de vin (quand ce n'est pas deux) en mangeant : les calories liquides sont traîtresses et insidieuses. Ma nutritionniste me l'a dit à plusieurs reprises :

« Les calories liquides augmentent le nombre de calories ingérées dans une journée mais ne nourrissent pas. »

On peut facilement boire 500 Calories (dans un jus, une boisson gazeuse, une bière et une coupe de vin) dans une journée sans que ces calories ne remplissent l'estomac. Nous ressentons donc toujours la faim et devons manger d'autres calories plus nourrissantes pour nous sustenter.

J'ai des amis qui ont perdu 4,5 kg (10 lb) juste en arrêtant de boire de la bière en semaine – ils en buvaient auparavant une le midi et une le soir, pour un total de 300 Calories. Ils ont remplacé la bière par de l'eau, tout simplement. Un grand verre d'eau avant le repas du midi, un autre avant le repas du soir. Ce simple changement d'habitude leur a fait perdre 4,5 kg (10 lb) en trois mois, sans effort.

C'est aussi ce que j'ai fait. J'ai regardé ce que je buvais et ai remplacé de nombreuses boissons par d'autres moins caloriques, sans manger plus pour autant. La prochaine fois que vous voudrez vous servir un verre de jus au lieu d'un verre d'eau, pensez à lire l'étiquette d'informations nutritionnelles pour découvrir le nombre de calories qu'il contient. Vous pourrez ainsi faire ce choix en toute connaissance de cause.

Faites confiance à votre métabolisme

Notre corps est vraiment une machine extraordinaire. Aussitôt que j'ai réduit mes calories et augmenté mon activité physique, ma graisse s'est mise à fondre comme par magie. Semaine après semaine, le pèse-personne affichait 0,45 kg (1 lb) de moins. Oh, il y avait bien quelques fluctuations. Certaines semaines, rien ne changeait sur le pèse-personne, et ce, même si je poursuivais mon plan alimentaire à la lettre. Mais un bon matin, il a affiché 2 kg (4 lb) de moins. Youpi!

Au début, ces fluctuations me frustraient un peu, mais ma nutritionniste m'a expliqué que c'était normal. Chaque corps réagit différemment dans sa façon de brûler les graisses, toutefois le métabolisme ne ment jamais, il brûle sans cesse des graisses même si ça ne paraît pas immédiatement sur le pèse-personne.

J'ai donc fait confiance à mon corps. S'il avait été capable d'engraisser en étant surchargé de calories inutiles, il devait être capable de maigrir en étant limité un peu sur le plan calorique. C'est exactement ce qu'il a fait.

En mars 2007, je pesais 72,5 kg (160 lb). Je maintiens toujours ce poids depuis et je compte bien le faire pour le reste de mes jours.

MYTHES & CROYANCES

«MON MÉTABOLISME EST DIFFÉRENT, J'ENGRAISSE À RIEN»

Bien qu'il soit vrai que le métabolisme est unique à chacun, il faut quand même admettre que votre métabolisme n'est pas si différent de celui de votre voisin. À moins d'une anomalie notable, dont votre médecin traitant se serait aperçu depuis belle lurette, il y a fort à parier que votre métabolisme est très similaire à celui de tout un chacun. Vous êtes donc soumis au même constat de calories consommées quotidiennement.

Je sais que tant qu'on ne prend pas la peine de compter les calories que l'on mange et boit dans une journée, on a tendance à penser qu'on ne mange pas tant que ça et que ce n'est pas normal que nous prenions du poids, alors que notre ami mange comme un ogre et n'engraisse pas. C'est aussi un mythe persistant. J'y arrive au point suivant.

À moins d'être atteint d'une maladie quelconque, il est impossible de prendre du poids sans consommer des calories en trop et il est impossible de perdre du poids sans consommer moins de calories.

Faites l'exercice de compter toutes les calories que vous ingérez dans une journée et une semaine. Vous allez avoir une petite surprise.

Juste pour le *fun*...

Maintenant que vous comprenez le principe du calcul des calories, je le répète, votre corps, lui, le fait de manière automatique. En supposant que vous n'avez pas encore commencé votre programme de perte de poids je vous suggère, à partir de demain matin, de calculer les calories «solides et liquides» que vous ingérez dans une semaine. Pourquoi une semaine? Parce que, comme plusieurs, il est possible que vous mangiez différemment le week-end qu'en semaine. Faites le total de votre semaine et divisez le tout par sept. Ça va vous donner une bonne idée de votre point de départ. Attendez-vous à être surpris.

Jour 1 : Déjeuner _____ Dîner _____

        Souper _____ Collations _____

Jour 2 : Déjeuner _____ Dîner _____

        Souper _____ Collations _____

Jour 3 : Déjeuner _____ Dîner _____

        Souper _____ Collations _____

Jour 4 : Déjeuner _____ Dîner _____

        Souper _____ Collations _____

Jour 5 : Déjeuner _____ Dîner _____

        Souper _____ Collations _____

Jour 6 : Déjeuner _____ Dîner _____

        Souper _____ Collations _____

Jour 7 : Déjeuner _____ Dîner _____

        Souper _____ Collations _____

Total des sept jours : _____ divisé par 7 =

Total moyen par jour : _____

Surpris ? Ce nombre est probablement ce qu'on peut considérer comme votre point de départ. Conservez-le, vous aurez à vous en servir un peu plus loin, en démarrant le programme de *Kilo Motivé*.

Pourquoi est-ce si difficile de perdre du poids?

Les excuses et les «parce que»…

Vous avez probablement vos réponses. Mais est-ce que ce sont vraiment les bonnes? Ce que j'ai découvert, à l'époque, c'est que j'avais toujours de bonnes raisons pour justifier le fait que j'étais obèse, et toujours de bonnes excuses pour ne pas régler mon problème.

Voici les excuses que j'ai longtemps utilisées ou entendues à des milliers de reprises. Il est probable que vous y retrouviez certaines des vôtres…

«C'est génétique»

J'ai longtemps pensé cela et ce fut mon «excuse» pendant de longues années. Dans mon cas, ça pouvait s'expliquer. Du côté de mon père, il y a (je le dis avec beaucoup de respect) quelques personnes qui ont du poids en trop. Vu sous cet angle, c'était très tentant pour moi de conclure que la génétique était sûrement la cause de mon obésité.

Encore une fois, mes lectures, ma nutritionniste et ma propre expérience m'ont amené à penser autrement.

Je ne veux pas vous décevoir, mais même si d'autres membres de votre famille ont du poids à perdre, il y a fort à parier que leur problème n'a rien à voir avec la génétique, mais plutôt avec leurs habitudes alimentaires.

Si c'était vraiment génétique, comment expliquer que des centaines de milliers de gens perdent du poids et maintiennent leur nouveau poids ? Ils ont pourtant la même génétique après la perte de poids qu'avant. Et comment expliquer que, dans mon cas, la génétique n'a été rien de plus qu'une excuse ?

Même si, héréditairement parlant, le métabolisme peut varier quelque peu d'une personne à l'autre, vous ne pouvez pas expliquer votre surpoids, et encore moins votre obésité, par cette seule situation. Je vous mets au défi de manger moins. Vous verrez, vous allez perdre du poids.

Ce n'est donc pas génétique, mais plutôt
le fruit de vos mauvaises habitudes alimentaires.
Désolé, votre excuse ne tient pas.

MYTHES & CROYANCES

CERTAINS MANGENT COMME DES OGRES ET N'ENGRAISSENT JAMAIS

«Ah! les chanceux», vous dites-vous, n'est-ce pas? On en connaît tous des gens qui semblent s'empiffrer chaque fois qu'on les rencontre. C'est le beau-frère, le chum, l'ami, ces veinards qui surchargent leurs assiettes, consomment de la bière, des frites et prennent deux desserts. Que la vie est injuste et que vous aimeriez donc être comme eux!

Revenez sur terre. C'est impossible. Si ces individus ne prennent pas de poids, c'est parce qu'ils ne mangent pas toujours comme vous les observez, à l'occasion. Vous n'êtes pas toujours avec eux.

Ou encore, ils ont un travail qui demande beaucoup d'efforts physiques ou ils s'entraînent régulièrement. Le métabolisme varie légèrement d'une personne à une autre, mais il ne triche pas. Il n'expliquera jamais la différence entre la montagne de frites que mange votre beau-frère svelte et le morceau de concombre qui vous fait soi-disant engraisser.

« Tous les membres de ma famille sont obèses »

Si c'est le cas, je vous accorde que ça rend un peu plus difficile la décision de perdre du poids. Cependant, il y a fort à parier que si vous commencez à perdre du poids, vous aurez une influence positive sur les membres de votre famille.

Ce fut mon cas. Lorsqu'en septembre 2005 j'ai commencé à compter mes calories et à perdre du poids, à peine un mois plus tard, ma conjointe a emboîté le pas sans que je l'incite à le faire. Si je me fie à plusieurs témoignages reçus, on peut conclure que les gens inactifs attirent les gens inactifs, ainsi que l'inverse. Pourquoi ne pas être un initiateur de changement dans votre famille et devenir un modèle pour les autres?

« J'ai de gros os »

C'est possible, mais il y a une différence entre le gras et les os. C'est d'ailleurs pour faire état de ces différences que le poids santé correspond à un éventail assez large. Si vous avez un double menton, que vos mains sont potelées et que vos veines sont pratiquement invisibles, vous n'avez pas que de gros os.

À l'époque, la carrure de mes épaules (je portais des vestons de taille 50) donnait l'impression que j'avais de gros os.

En perdant du gras, j'ai découvert que mes os n'étaient pas particulièrement imposants.

Vous découvrirez probablement la même chose. Trouvez une autre excuse.

« Je vis seul »

Certaines personnes pensent que leurs tentatives de perdre du poids sont un échec parce qu'elles n'ont personne pour les encourager. Encore une fois, mon expérience´ personnelle démontre le contraire. J'ai souvent amorcé des régimes et je vous jure que j'étais très « motivé ». Mais après deux, trois semaines, lorsque je voyais les autres membres de ma famille manger tout ce que j'aimais et que je me retrouvais seul dans mon coin à manger des raisins pendant qu'eux mangeaient des croustilles, je rêvais parfois d'être seul pour ne pas être « tenté ».

Demandez à une personne qui est la seule de sa famille à vouloir perdre du poids et qui fait attention à ce qu'elle mange. Elle vous répondra probablement que ce n'est pas toujours évident de garder le « focus » lorsqu'on voit les autres manger tout ce qu'ils veulent. Vous découvrirez alors que « vivre seul » est plus un avantage qu'un inconvénient. Honnêtement, ce n'est pas une excuse. Voyez plutôt ça de façon positive.

En réalité, votre réussite ne réside pas dans le fait de vivre seul ou en famille. C'est bien plus une question de « motivation » et de détermination. En avez-vous ?

« Je ne suis pas capable »

C'est ce que je me suis dit durant des années. Pourtant, je vous certifie que ce sont seulement les trois ou quatre premières semaines qui sont difficiles. Le mental n'est pas encore habitué à ce nouveau mode de vie qu'on lui impose. Après cela, on atteint notre « vitesse de croisière ».

Dites-vous ceci : si vous avez été capable de PRENDRE du poids, vous êtes capable d'en PERDRE. Tout le monde est capable, donc vous êtes capable !

«*Je n'aime pas les légumes*»

Moi non plus. Je rectifie, je n'aime pas les légumes crus, mais j'aime les légumes cuits. J'ai donc pu en consommer sous forme de potages et de crèmes. Une bonne crème de légumes, humm! Peut-être est-ce votre cas? Il est évident que c'est un avantage d'aimer les légumes parce qu'ils sont bons pour la santé et qu'ils ont un faible apport calorique. Ce n'est pas pour rien qu'ils sont les aliments principaux de la plupart des programmes alimentaires mondiaux. Par contre, pour ma part j'ai pu perdre 36 kg (80 lb) en mangeant peu de légumes. C'est donc faisable. Essayez, vous verrez que c'est possible.

Si vous comptez vos calories, légumes ou pas, le compte doit y être à la fin de la journée. C'est une réalité implacable.

«*Je n'ai pas le temps de m'entraîner*»

Si vous aviez le temps de manger à tout moment, entre les repas et le soir avant de vous coucher, etc., vous avez sûrement le temps de faire de l'activité physique. En coupant vos mauvaises habitudes alimentaires, vous gagnerez du temps pour faire de l'activité physique. Je suis certain que vous pouvez prendre un petit 30 minutes par jour pour faire de l'exercice. Allez marcher. Stationnez votre voiture plus loin. Prenez l'escalier au lieu de l'ascenseur. Faites du vélo d'intérieur en lisant vos rapports trimestriels. Inscrivez-vous à des cours de groupe ou faites-vous superviser par un entraîneur. Mettez le sport à votre agenda comme si c'était une réunion importante – c'en est une d'ailleurs – et vous trouverez le temps d'en faire.

> Le temps n'est pas quelque chose que l'on trouve,
> c'est quelque chose que l'on prend.

«Je mange mes émotions»

Je ne savais pas que les émotions faisaient engraisser. Sérieusement? Je l'apprends!

> Ce qui fait engraisser, c'est la mauvaise habitude
> que vous avez de manger lorsque vous ressentez
> des émotions négatives ou positives.

Vous avez de la peine, vous mangez. Vous êtes heureux, vous mangez. Ce n'est simplement qu'une habitude, une sorte de réflexe conditionné aux situations que vous vivez, et ce, depuis toujours. Donc, ce n'est qu'une habitude et une habitude, ça se change. Vous êtes capable de le faire. Des milliers de gens l'ont fait. Ne me dites pas que vous en êtes incapable. Si cela vous semble trop difficile malgré votre volonté, demandez l'aide d'un professionnel.

Je vous suggère ceci. La prochaine fois que vous ressentirez une émotion négative, sortez dehors et allez faire une marche. Au début, ce sera difficile, mais si vous persistez, votre cerveau associera le fait de libérer vos émotions à une promenade à l'extérieur. Avec un peu d'effort et du temps vous y arriverez et cela aura un double effet sur vous. Premièrement, vous marcherez au lieu de manger, ce qui vous empêchera d'engraisser, et deuxièmement, le fait de prendre de l'air frais vous remontera le moral. Vous serez donc doublement gagnant.

«J'ai arrêté de fumer»

Bravo! Vous l'avez probablement fait pour améliorer votre bilan de santé, n'est-ce pas? Alors, vous ne voulez pas remplacer la cigarette par 14 kg (30 lb). Cela aurait le même effet négatif sur votre santé. Regardons les choses en face.

Arrêter de fumer ne fait pas engraisser.

C'est vrai, il y a des études qui démontrent que fumer pourrait augmenter très légèrement la dépense calorique quotidienne de quelques calories par cigarette. Mais même si c'était le cas, les ex-fumeurs ont tout simplement à composer avec la même réalité que ceux qui n'ont jamais fumé. Il n'y a aucune excuse pour justifier de manger davantage.

Je m'adresse à tous les ex-fumeurs qui ont pris 14 kg (30 lb) : c'est bien plus le fait de ne plus rien avoir à vous mettre dans la bouche, que vous compensez par de la nourriture, qui vous a fait engraisser. Encore une fois, ce n'est qu'une habitude et ça se change.

Vous devez vous trouver autre chose à faire durant les moments où vous aviez l'habitude de fumer. Allez marcher. Buvez de l'eau. Lisez. Appelez votre amoureux ou votre mère. Écoutez de la musique, etc. Lorsque vous aurez remplacé votre habitude de fumer par une autre habitude moins nocive pour la santé, vous serez fier de vous. Ça se fait. Des milliers de gens l'ont fait. Vous en êtes donc capable vous aussi. Et d'ailleurs, maintenant que vous avez un meilleur souffle, pourquoi ne pas en profiter pour bouger davantage ?

« À cause de mon travail, je suis toujours au restaurant »
Moi aussi j'ai longtemps utilisé cette excuse. J'ai quelques conseils pour vous.

1 Choisissez des restaurants qui offrent des menus allégés et santé.

2 Choisissez des plats faibles en calories.

3 Faites le contraire de ce que votre mère vous a toujours dit: laissez des restes. Les restaurants, probablement pour justifier le prix de leurs assiettes, ont tendance à y mettre des portions gargantuesques. Et comme nos mères nous ont toujours dit de ne jamais laisser de restes, on se sent obligés de vider nos assiettes. Résultat? On se sent bourrés, «inconfortables», on détache notre ceinture et on engraisse.

4 Dites régulièrement non au dessert.

Je continue à aller régulièrement au restaurant, et ce, sans engraisser. Faites comme moi!

«Je suis gros mais quand même en bonne santé»

Eh bien, profitez-en le temps que ça dure! Je blague, mais être gros, c'est défier les statistiques. En 2004, on m'a refusé une assurance-vie à cause de mon poids. Les statistiques des actuaires de la compagnie d'assurances ont calculé qu'à 109 kg (240 lb), j'avais beaucoup de chances (est-ce vraiment de la chance?) de mourir jeune. Ils ont donc refusé de m'assurer.

Il est possible que vous soyez en bonne santé actuellement. Ça dépend de votre âge, mais il y a de fortes chances que vos kilos en trop finissent par vous rattraper.

Tous les experts de la santé le clament haut et fort: l'obésité nuit à la santé sur plusieurs plans.

C'est un terreau parfait pour l'hypertension, le diabète, les maladies cardiaques, les maux de dos, l'apnée du sommeil et j'en passe.

Vous êtes en bonne santé en ce moment? Tant mieux! Ça devrait être une excellente raison pour vous motiver à faire ce qu'il faut pour le rester.

« Je fais de l'exercice »

Bravo! Je vous invite à garder cette bonne habitude, mais il faut regarder la vérité en face. Si vous ne perdez pas de poids même en faisant de l'exercice, c'est, de deux choses l'une, soit que vous n'en faites pas assez – c'est bien de prendre l'escalier au lieu de l'ascenseur, mais ça prend une dépense énergétique supérieure à cela pour perdre du poids – ou vous mangez trop et que l'exercice que vous faites n'est pas suffisant pour vous amener à perdre du poids. Votre corps ne ment jamais. Si vous engraissez, c'est que vous mangez trop et ne faites pas assez d'exercice. Vous maintenez votre poids en trop depuis des années pour cette raison.

Retenez ces deux vérités implacables:
» Pour perdre du poids, il faut brûler plus de calories qu'on en consomme.
» Comme le dit ma collègue Isabelle Huot, dans une démarche de perte de poids, l'alimentation compte pour jusqu'à 75% du succès, et l'exercice physique pour aussi peu que 25%.

« Je prends des antidépresseurs »

Beaucoup de gens en prennent. Vous avez raison, certains antidépresseurs stimulent la faim, et donc, favorisent la prise de poids. Les experts parlent d'environ 5 à 9 kg (10 à 20 lb), selon le type d'antidépresseurs. Alors si vous avez pris plus de 10 kg depuis que vous prenez des antidépresseurs, vous ne pouvez peut-être pas leur attribuer entièrement cette situation. Aussi, tous les antidépresseurs ne font pas engraisser. Parlez-en à votre médecin traitant et demandez-lui conseil.

Évidemment, lorsqu'on prend des antidépresseurs, c'est souvent parce qu'on est déprimé. Durant cette période intense de questionnements, pourquoi ne pas prendre justement la décision de changer les choses une fois pour toutes?

Pourquoi est-ce si difficile de perdre du poids ?

Il est bien connu que l'activité physique et une saine alimentation ont des effets positifs sur l'humeur.

Pourquoi ne pas en profiter pour changer vos habitudes et choisir de perdre le poids en trop qui vous agace depuis si longtemps? Ce sera peut-être un élément positif de plus pour retrouver votre santé psychologique.

« J'ai vécu trois grossesses »

Félicitations! Vous, les femmes, vous avez ce privilège extraordinaire d'enfanter. Soyons honnêtes. Avoir des enfants transforme votre corps et, dans certains cas, il est illusoire de penser retrouver la même silhouette qu'avant. J'abonde donc dans le sens de votre « excuse ». Cependant, si vos grossesses vous ont amené à dépasser votre poids santé et un indice de masse corporelle (IMC) adéquat pour votre âge, là, l'excuse ne tient plus. Sans viser de retrouver la silhouette de vos 20 ans, vos enfants (et un jour vos petits-enfants) seront très fiers de voir que vous avez pris votre santé et votre poids en main. Quel bel exemple pour eux!

« Je suis ménopausée »

Mesdames, vous n'aurez pas le choix, vous le serez un jour ou l'autre. Encore une fois – j'ai entendu Isabelle Huot le mentionner à des dizaines de reprises en conférence –, ce n'est qu'une question de mathématiques. À l'âge de la ménopause, le métabolisme ralentit d'environ 200 Calories par jour. Juste ou injuste, là n'est pas la question (en fait, le métabolisme ralentit aussi chez l'homme vers 50 ans). La réalité est que vous devez vivre avec ce ralentissement. Plutôt que de manger par habitude, écoutez vos signaux réels de faim. Si votre métabolisme ralentit, votre faim devrait suivre. Je ne dis pas que c'est facile, mais si vous voulez conserver ou retrouver votre jolie silhouette, vous devrez être suffisamment motivée pour accepter cette réalité. Peut-être aimeriez-vous être assez en forme pour voyager ou pour jouer avec vos petits-enfants? La ménopause n'est pas un handicap. C'est le moment d'appliquer la sagesse que l'âge vous attribue. Pourquoi ne pas amorcer votre perte de poids avant la ménopause? Elle ne sera que plus facile?

«J'accepte mes rondeurs et je suis bien dans ma peau»

Je l'ai entendue souvent celle-là. Évidemment, c'est presque toujours les femmes qui utilisent cette excuse. Je sais que je vais en choquer plusieurs, mais n'avez-vous pas acheté ce livre dans l'espoir de vous donner le coup de pied néces-saire pour vaincre votre poids en trop?

Honnêtement, vous vous mentez à vous-même et vous le savez.

Dites-le franchement. Vous en avez assez d'être grosse. Jamais vous n'avez aimé l'être. Vous avez de la difficulté à vous regarder dans le miroir et à vous voir sur des photos. Vous êtes obligée de fréquenter les magasins spécialisés pour tailles fortes et de porter des vêtements amples. Vous ne pouvez pas suivre la mode autant que vous le souhaite-riez. Vous avez tendance à transpirer plus que les autres. Vous éprouvez de la difficulté à vous pencher et à monter un escalier de plus de deux étages, et vous acceptez vos ron-deurs? Arrêtez de vous mentir. Vous savez que vous seriez plus belle avec xx kilos de moins et que votre bilan de santé serait meilleur. Vous savez aussi que vos amours s'en porte-raient mieux, que vous seriez plus attirante. Alors, qu'attendez-vous pour affronter la réalité et prendre votre situation en main? Vous le pouvez!

Les hommes vont plutôt dire: «Chu ben de même!» Si c'est votre cas, retournez lire le paragraphe précédent et mettez-le au masculin. Ajoutez à cela le fait que vous avez de la difficulté à attacher vos patins, que votre bedaine vous empêche de voir votre zizi au repos (si elle vous empêche de le voir au garde-à-vous, il est grand temps que vous fassiez quelque chose) et que vous avez de la misère à suivre les jeunes de 30 ans sur la patinoire.

Vous vous acceptez comme ça? Vous vous mentez. Ça vous choque? Tant mieux! Qu'attendez-vous?

« J'ai manqué d'amour quand j'étais jeune »

Je vais vous paraître insensible, mais je ne le suis pas, croyez-moi. Honnêtement, en quoi le manque d'amour peut-il vous avoir fait engraisser ou empêché de maigrir ? Il est temps de détruire ce mythe qui sous-entend que les enfants obèses le sont parce qu'ils ont manqué de quelque chose dans leur enfance et qu'ils ont compensé ce « manque » en s'empiffrant. C'est faux !

Ou plutôt, c'est vrai. Les obèses ont manqué de discipline. Et comme la discipline est une valeur qui s'apprend souvent pendant l'enfance, c'est plutôt leur manque de discipline qui est la cause de leur surpoids et non le manque d'amour. Continuez votre lecture, je vais vous entretenir de discipline un peu plus loin.

« Je ne vais quand même pas compter mes calories pour le restant de mes jours ! »

Pourquoi pas ? Votre corps le fait, de toute façon. Tous les experts de la santé vous le confirmeront : si vous mangez trop, il engraisse. Si vous mangez moins, il maigrit. Vous le faites bien pour votre budget. Vous comptabilisez vos heures au travail. Vous comptabilisez le kilométrage de votre voiture pour faire vos vidanges d'huile. Vous comptez les jours avant les vacances. Vous comptez vos anniversaires, etc. Sans blague, compter vos calories, ce n'est pas la fin du monde.

*Ça prend seulement un peu de discipline.
Une fois habitué, ça deviendra un automatisme
pour vous comme ça l'est pour moi.*

«*Mourir de ça ou mourir d'autre chose...*»

Évidemment, on va tous mourir un jour. Vous êtes vraiment déprimé à ce point? Vous préférez troquer le plaisir de «surmanger» contre quelques années de vie? Vous n'êtes pas sérieux! Si c'est vraiment le cas, c'est toute votre vie qui est déréglée et vous devriez peut-être aller consulter et faire du ménage dans votre vie. La vie est trop belle pour qu'on l'écourte volontairement. Se suicider à petit feu n'est pas une option. Faites le point. Reprenez confiance en vous et réglez votre problème de poids. Je suis certain que vous découvrirez que la vie vaut la peine d'être vécue le plus longtemps possible. Bon succès!

«*Ma peau va pendre et je n'ai pas les moyens de subir une opération esthétique*»

OK! Parlons d'esthétique. Ça dépend un peu de votre âge et du poids que vous avez à perdre, mais il est possible que votre peau n'ait plus assez d'élasticité pour se recoller adéquatement à vos chairs si vous maigrissez. Est-ce toutefois une bonne excuse? C'est vous qui décidez.

La question est la suivante: est-il préférable de rester avec beaucoup de poids en trop et de risquer de devancer la fin de vos jours, ou de perdre vos kilos en trop et de jouir de la vie (avec un meilleur style de vie) plus longtemps mais en ayant la peau un peu plus molle?

En ce qui me concerne, la question ne se pose même pas. Rien ne vaut plus que la vie.

*Pourquoi ne choisirait-on pas le bien-être,
la santé et une longue vie plutôt que de se buter
à l'esthétisme parfait?*

Même si l'esthétique et l'image personnelle sont importantes dans la vie, qu'est-ce qu'un peu de peau étirée si vous avez la santé ? Et d'abord, est-ce vraiment moins esthétique que 50 kg (110 lb) de graisse en trop ? Franchement, ce n'est pas une excuse. Surtout que si vous visez une perte de poids graduelle et saine, votre peau devrait retrouver sa place beaucoup plus facilement. Pour moi, c'est ce qui est arrivé.

Si vous choisissez de subir une opération pour vous débarrasser de la peau en trop, son coût sera de quelques milliers de dollars. Moins qu'une auto, un peu plus qu'un voyage dans le Sud et le double de ce que coûterait l'achat d'un paquet de cigarettes par jour pendant une année. Tout est relatif ! C'est une question de choix.

MYTHES & CROYANCES

POUR LES OBÈSES MORBIDES, L'OPÉRATION S'IMPOSE

Beaucoup d'obèses que l'on qualifie de «morbides» pensent que la meilleure façon de régler leur problème de poids est de subir une opération. C'est faux.

Plusieurs d'entre eux m'écrivent en me demandant ce que je pense d'une telle opération. La plupart ont souvent amorcé des démarches et hésitent à avoir recours à cette solution extrême. Souvent, on leur offre deux options. Soit la dérivation bariatrique (*bypass surgery*) ou l'anneau gastrique. Dans les deux cas, les implications sont énormes (excusez le jeu de mots).

Je leur réponds toujours que mon opinion ne s'appuie sur aucune donnée scientifique, mais que j'y réfléchirais à deux fois à leur place. Je leur suggère ensuite ceci : comme ils devront de toute façon, à la suite d'une opération complexe, longue et douloureuse, manger moins (ils y seront obligés à cause de l'intervention chirurgicale), pourquoi ne commenceraient-ils pas à le faire dès maintenant ? D'ailleurs, la liste d'attente pour ce genre de chirurgie est souvent de deux ou trois ans. Alors, s'ils utilisent le temps d'attente pour entreprendre un programme amaigrissant, lorsque le téléphone sonnera pour confirmer la date de la chirurgie, ils auront peut-être perdu 45 ou 65 kg (environ 100 ou 150 lb) et l'opération ne sera plus nécessaire.

En prime, ils ne passeront pas par le bistouri, éviteront de possibles complications et ne seront pas obligés de prendre des tonnes de médicaments et suppléments pour contrer les effets secondaires de l'intervention. De plus, en perdant leur poids lentement plutôt que rapidement, ils ont peut-être plus de chances que leur peau reprenne de son élasticité, et ainsi éviter une ou plusieurs autres chirurgies esthétiques.

À ma connaissance, deux personnes à qui j'ai fait cette suggestion ont pris la décision de perdre du poids par elles-mêmes. Elles ont perdu plus de 90 kg (200 lb) chacune et ne regrettent nullement leur choix. Réfléchissez-y.

Voilà les excuses de la majorité des gens. Y avez-vous retrouvé les vôtres ? C'est possible, mais ce n'est pas certain. Si ce n'est pas le cas, je vous suggère d'écrire vos propres excuses et de tenter, à la lumière de ce que vous venez de lire, de les détruire une à une. Vous pouvez le faire !

Quelles sont vos excuses?

_____

_____

_____

_____

_____

Faites face à votre miroir

S'il y a quelque chose que l'on déteste lorsqu'on a du poids en trop, c'est bien de se regarder dans un miroir. C'est ce que je vous propose ici. Vous regarder dans votre miroir «mental» sans gêne, sans dissimulation jointe et avec honnêteté. Vous êtes prêt? De toute façon, c'est juste entre vous et moi.

À partir de ma propre expérience et en m'appuyant sur les confidences de centaines de gens qui m'ont écrit, voici, selon moi, les véritables raisons pour lesquelles les gens ont du poids en trop. Il y a fort à parier que certains d'entre vous ne seront pas d'accord, mais si vous y réfléchissez un peu avec beaucoup d'honnêteté, vous abonderez probablement dans le même sens que moi.

Les mauvaises habitudes alimentaires

Pas besoin de chercher midi à quatorze heures. Vos émotions ou le fait que vous ayez arrêté de fumer ne vous font pas engraisser. Ce sont les habitudes reliées à votre mode de vie qui vous font trop manger.

C'est aussi simple que ça. Nous vivons tous avec une certaine forme de routine. On se lève toujours à la même heure. On prend à peu près toujours la même chose au déjeuner – certains ne mangent pas du tout. On prend une petite collation à l'heure de la pause. Le midi, on dîne souvent au resto. On grignote une autre collation en après-midi. On boit une petite bière ou un verre de vin en revenant à la maison. On soupe. On grignote encore un peu en soirée et on va se coucher. Et on recommence le lendemain. Le week-end, c'est un autre rythme, mais l'abondance alimentaire (et liquide) y est souvent encore plus grande. Maintenez ce rythme pendant de longues années et les kilos s'accumulent lentement. Si à 20 ans vous prenez un p'tit 2 kg (5 lb) par année à cause de vos habitudes alimentaires, à 30 ans vous aurez 20 kg (50 lb) en trop. Voilà l'histoire de beaucoup de gens. Juste un p'tit 2 kg (5 lb) par année et c'est le désastre à 40 ans. Regardez-vous. Combien de fois par jour mangez-vous? Quelle quantité d'aliments mangez-vous? Combien buvez-vous de calories par jour? Quelle est la grosseur moyenne de vos assiettes?

On est pressé de nos jours. On ne prend pas le temps de déjeuner. On s'achète un gros muffin (± 400 Calories) et un café aromatisé (± 300 Calories) au café du coin. On a faim en milieu d'avant-midi. On grignote des croustilles (± 250 Calories). Pour dîner, on mange un sandwich (± 400 Calories) avec une boisson gazeuse (± 200 Calories) sur le pouce ou on se commande un gros trio au service à l'auto (± 1200 Calories) et le soir, c'est la sortie au resto entre amis. Entrée (± 200 Calories), repas principal (± 700 Calories), dessert (± 250 Calories), coupe de vin (± 125 Calories)... Pour un total quotidien de: ± 3000 Calories. Le week-end, c'est le brunch dans le resto de déjeuners du quartier, etc.

On se prévoit trop d'activités. On court tout le temps. On manque de temps. Alors parfois on mange du *fast food* ou des mets préparés. Faites l'exercice d'observer vos habitudes alimentaires et vous serez stupéfait de ce que vous mangez et buvez dans une journée.

Pour perdre du poids, il faut prendre le temps de faire les bons choix alimentaires.

Si vous avez du poids en trop, c'est parce que vos habitudes de vie sont en train de vous détruire à petit feu. Mettez de l'ordre dans votre course quotidienne en privilégiant une alimentation équilibrée avec des aliments de qualité. Faites le même ménage dans vos habitudes sédentaires et commencez à bouger.

Pourquoi est-ce si difficile de perdre du poids ?

> Changez vos habitudes et vous changerez votre vie.

La méconnaissance du système calorique

Connaissez-vous vraiment le nombre de calories qu'il y a dans certains aliments? Je parie que non. On mange à notre faim (des fois plus qu'à notre faim) avec n'importe quoi. Saviez-vous qu'une salade César contient plus de calories qu'un petit hamburger? «Hein?» me direz-vous. Voilà ce que je veux dire. La plupart d'entre nous ne regardent pas le nombre de calories qu'ils mangent et boivent, et dépassent ainsi rapidement leur total quotidien.

À l'époque où j'étais obèse, en soirée, je me faisais souvent ce petit délice: dans un bol à soupe, je versais environ 2,5 cm de sirop de maïs, j'y ajoutais de la crème 35% (héritage de mon enfance, comme mon père était laitier, la crème 35% coulait à flot chez nous), puis je mélangeais le tout afin d'obtenir une belle onctuosité et j'émiettais deux tranches de pain blanc dans le bol. Mmmmh! Un vrai régal. J'ai mangé cela des milliers de fois sans jamais compter le nombre de calories que contenait ce délice. Il y avait 1200 Calories. Dans une seule collation de milieu de soirée, je mangeais 1200 Calories, sur un total de 2350 souhaitables dans une journée. Vous comprenez ce que je veux dire maintenant?

> Prenez le temps de mieux connaître la valeur calorique des aliments que vous consommez. Pour vous aider à faire les bons choix, vous trouverez en page 236 une liste des valeurs caloriques de plusieurs aliments «non emballés» que nous consommons régulièrement. Pour les autres, référez-vous aux valeurs nutritionnelles inscrites sur l'emballage.

L'héritage de notre enfance

Il faut bien l'avouer, l'alimentation d'aujourd'hui est beaucoup plus variée qu'auparavant. Si vous avez plus de 40 ans, quand vous étiez jeune, vous ne mangiez sûrement pas de pains pitas, ni de brochettes, ni de crudités et encore moins des sushis. Lorsque j'étais jeune, l'alimentation familiale consistait en un pâté chinois le lundi, un « spagat » le mardi, un bouilli de bœuf le mercredi, etc. Le dimanche, on avait droit à des patates frites qui étaient tellement huileuses que le sac brun dans lequel on les mettait était imbibé de graisse. Dans le temps des fêtes, la tourtière, la dinde « Butterball », le ragoût de boulettes dans la sauce brune et les sempiternelles patates pilées garnissaient la table en abondance. Sans oublier les desserts de ma mère. La tarte aux pommes, la bûche de Noël et les beignes au sirop étaient des incontournables. Je m'excuse si je vous fais saliver. On ne comptait pas les calories dans le temps. On ne savait même pas ce que c'était.

Bref, durant les années 1960 et 1970, nous mangions des aliments riches, préparés ou cuits dans beaucoup de gras.

Pour couronner le tout, il fallait finir nos assiettes si nous voulions avoir du dessert. Quand je n'avais plus faim, ma mère me disait : « Termine ton assiette Guy, sinon t'auras pas de dessert ! » C'est ce que je faisais, avec le résultat que vous connaissez. L'héritage de notre enfance est sûrement pour quelque chose dans le fait de manger trop. Que voulez-vous ? C'était bon...

Le manque de motivation

J'entends cette phrase chaque jour : « Je manque de motivation. » Je vous explique comment fonctionne la motivation. Tous les êtres humains recherchent le plaisir et évitent la douleur.

C'est inné. On fait ce qu'il faut pour avoir du plaisir (dans tous les sens du terme) et on fait tout ce qu'il faut pour éviter la douleur (dans tous les sens du terme).

Si nos plaisirs sont nocifs, à la longue ils deviendront des vices et avec le temps des dépendances. Pensez à la drogue, au jeu compulsif, à la boisson et ajoutez à cela la surabondance alimentaire. Nous éprouvons tous du plaisir à manger. Ça goûte bon. Ça passe le temps. On fait du «social» entre amis. Bref, manger et boire nous procurent beaucoup de plaisir.

Si nous exagérons, avec le temps, ces mêmes actions vont commencer à nous occasionner un peu de douleur (des inconvénients au sens large du terme).

Tant que le plaisir est supérieur à la douleur, on continue avec notre vice. Mais avec le temps, si notre vice et notre dépendance s'amplifient, la douleur qu'ils causent sera plus importante que le plaisir qu'on en retire. C'est là que le travail de MOTIVATION commence.

En 2005, ma douleur de me regarder dans le miroir, de devoir supporter un mal de dos, d'être essoufflé au moindre effort et j'en passe, est devenue plus importante que le plaisir que je ressentais à manger. C'est à ce moment que ma motivation est devenue assez grande pour que je passe à l'action et perde du poids. J'y reviendrai plus loin. Vous devez être conscient des inconvénients que vous cause votre poids en trop.

Lorsque ces inconvénients seront insupportables pour vous, ils deviendront des éléments déclencheurs suffisants pour vous faire passer à l'action.

Le manque de discipline

Nous sommes tous paresseux de nature. C'est pour cela que l'homme s'est toujours inventé des outils et des équipements pour se faciliter la vie. De nos jours, notre paresse et notre manque de discipline nous amènent à faire des choix alimentaires rapides et pratiques. C'est d'ailleurs pour ces deux raisons qu'on a créé les restaurants de *fast food,* les mets préparés et les friandises prêtes à manger. Il est plus facile de manger une barre de chocolat que de s'éplucher une orange. Surtout en conduisant une auto ou un camion. Notre manque de discipline nous fait faire des choix moins «santé». On va au plus rapide et au plus pratique. Résultat: on mange des aliments riches et on prend du poids. Parallèlement et pour les mêmes raisons, on ne prend pas le temps de faire de l'exercice et de s'entraîner. Ces deux manques de discipline combinés ont pour résultat la silhouette que vous avez en ce moment.

MYTHES & CROYANCES

LES PILULES MIRACLES

Parlez à n'importe quel nutritionniste et il vous confirmera qu'il n'existe aucun produit miracle pour perdre du poids. Ni supplément, ni poudre, ni pilule, rien. Pensez-y sérieusement: croyez-vous vraiment pouvoir continuer à consommer autant de calories que vous le faites en ce moment grâce à un produit miracle qui va faire fondre vos graisses comme par magie? Si c'était possible, auriez-vous acheté ce livre?

Il existe cependant des produits «coupe-faim» qui sont, paraît-il, efficaces lorsqu'ils sont pris sous supervision médicale. Il faut cependant comprendre que ce n'est pas le produit qui fait maigrir, c'est plutôt le fait qu'il coupe l'appétit. Autrement dit, la pilule, le sirop ou le potage en question remplace tout simplement la discipline. Qu'arrive-t-il lorsqu'on arrête de le prendre (il faut bien arrêter un jour) ? On recommence à manger comme on le faisait auparavant et on reprend notre poids.

Le seul miracle possible, c'est celui que permettent notre motivation et notre discipline.

Les mensonges qu'on se raconte

Au lieu de voir la vérité en face et d'accepter que nous sommes responsables de notre prise de poids, on utilise les excuses citées dans le précédent chapitre. Nous nous mentons à nous-mêmes. À l'instar de l'alcoolique, c'est lorsque nous aurons accepté notre dépendance à la nourriture que nous commencerons à « guérir » de nos mauvaises habitudes alimentaires.

Les problèmes de la vie

Je dois admettre qu'il est difficile de se concentrer pour perdre du poids si nous sommes submergés par plusieurs autres problèmes. Perdre du poids demande une grande motivation, de la discipline, de la rigueur et du temps. Si votre attention est actuellement occupée à autre chose et que toutes vos énergies sont ailleurs, il vous sera difficile de vous concentrer sur le fait d'atteindre votre poids santé. Si vous avez des problèmes financiers, que vos enfants ont de la difficulté à l'école, que vous êtes en procédure de divorce ou que votre travail vous cause des soucis – autant de raisons pour ne pas vous occuper de votre poids –, réglez vos problèmes de « vie » avant de perdre votre poids en trop, mais n'attendez pas trop longtemps, parce que votre problème de poids risque de devenir un autre problème de « vie ».

La pauvreté

C'est difficile à admettre, mais le constat est là. Il y a plus d'obésité chez les gens à faibles revenus que chez ceux qui ont des revenus plus élevés. La suite sera encore plus difficile à admettre. Le manque de discipline et d'éducation, sous toutes ses formes, en est la principale raison. Attention, il y a de l'obésité dans toutes les couches de la société, mais elle est plus marquée chez les personnes défavorisées. Évidemment, si on manque de discipline personnelle par rapport à notre travail et à notre vie en général, il est normal d'en manquer pour notre alimentation. De plus, la pauvreté est souvent accompagnée d'un manque de confiance en soi et d'un manque de fierté par rapport à soi. Le parallèle semble peut-être difficile à faire, mais plus notre prospérité collective sera grande, moins il y aura de problèmes d'obésité.

L'abondance alimentaire

Je sous-entends par «abondance alimentaire» les multiples tentations auxquelles nous sommes soumis. C'est certain qu'à l'époque des coureurs des bois, l'obésité était moins présente. C'est facile à comprendre. Lorsque tu dois aller chasser pour manger et que tu n'as pas de frigo, c'est moins tentant.

Nous vivons à une époque d'abondance alimentaire. Au quotidien, nous sommes soumis à des stimuli sensoriels qui feraient succomber n'importe qui. Les menus imagés, les comptoirs de pâtisseries, les chocolateries, les cafés-bistros, les dégustations dans les supermarchés, les comptoirs de beignes dans les centres de rénovation, les déjeuners à un dollar chez Ikea (eux, ils ont compris comment attirer les gens) et les frigos à vin à la maison sont autant de tentations qui alimentent notre prise de poids. C'est pourquoi il faut être très «Kilo Motivé» pour résister. Si vous ne faites pas attention, sans faire trop d'abus vous pouvez quand même vous retrouver avec un problème de poids dans quelques années. Comme je l'ai mentionné précédemment, si vous prenez un petit 2 kg (4,5 lb) par année (ce n'est rien, 2 kg, me direz-vous), eh bien, sur 10 ans, ce petit 2 kg (4,5 lb) annuel devient 20 kg (45 lb), et là ça peut devenir désastreux.

Pour beaucoup de gens, c'est simplement cela. Ils gagnent quelques kilos par année et ils se retrouvent avec un problème d'obésité. Tout cela parce qu'il y a de la bouffe partout et que la tentation de manger est grande même lorsqu'ils n'ont pas faim.

Je le sais, je suis fatigant avec ça, mais je vous en conjure, comptez vos calories. C'est votre compte en banque énergétique.

Je vous ai présenté les principales raisons pour lesquelles les gens prennent du poids, mais il en existe bien d'autres...

> Admettre que vos excuses ne sont rien de plus que cela, des excuses, et leur faire face avec courage et sérénité est nécessaire si vous voulez cesser votre relation amour-haine avec votre pèse-personne.

Quelles sont les véritables raisons de votre surplus de poids?

1- Arrêt de toutes activités Physique

2- Manger n'importe quand n'importe quoi et m'empiffre !!! Sans penser que je pourrais engraisser

L'album de Guy

Moi, à cinq ans. Diplôme de maternelle.

Devinez où je suis ?

Trouvez vos éléments déclencheurs

Pour atteindre un objectif, peu importe lequel, il faut avoir des raisons (lire des motivations) pour le faire. Que vous vouliez terminer vos études, grimper le Kilimandjaro ou perdre du poids, il faut avoir la MOTIVATION de le faire.

Il faut donc vous trouver des éléments déclencheurs suffisamment puissants pour vous donner le courage de passer à l'action et de persister jusqu'au bout.

Êtes-vous assez «écœuré»? *Mets-en!*

Excusez le terme un peu cru, mais beaucoup de témoignages reçus pour des pertes de poids significatives et maintenues commencent souvent par ceci: «J'étais "écoeuré" d'être gros (grosse)!» Les Français diraient: «J'en avais ras-le-bol.» «Écœuré!» C'est là qu'il faut se rendre. Être assez «écœuré» pour être suffisamment motivé pour relever un gros défi.

Les meilleures MOTIVATIONS que je connaisse proviennent surtout des aspects NÉGATIFS causés par une situation (les exaspérations) plutôt que par les aspects POSITIFS qui découlent de l'amélioration de la situation.

Qu'est-ce qui vous exaspère? Qu'est-ce qui vous tombe sur les nerfs dans le fait d'avoir du poids en trop? Rien? Eh bien, c'est pour cela que vous n'avez pas la motivation d'en perdre! Fouillez un peu dans votre quotidien. Quels sont les situations, les regards, les sous-entendus des gens qui vous voient, les humiliations que vous vivez à l'occasion, les activités que l'on propose et que vous refusez, sous prétexte que vous n'avez pas le temps, les allusions gratuites des autres qui vous horripilent, etc.? Il y en a, j'en suis certain, mais vous les enfouissez sous votre plaisir de manger.

Quels inconforts ressentez-vous en montant un escalier, en vous penchant ou simplement en vous assoyant dans un fauteuil avec des bras?

Quels sont les petits inconvénients de santé qui commencent à poindre doucement? Votre pression plus élevée que la normale? Votre niveau de cholestérol qui grimpe? L'apnée du sommeil qui vous empêche d'avoir un sommeil profond et réparateur?

Comment réagissez-vous lorsque à la pause, au travail, les gens discutent de mise en forme, de mode, de beaux vêtements, de jogging, d'entraînement, etc.? Comment vous sentez-vous lorsque vous devez aller magasiner dans les boutiques pour personnes de taille forte? Comment vous sentez-vous face aux regards désobligeants (pour ne pas dire dédaigneux) des gens qui se tournent sur votre passage?

Si vous êtes à la recherche de l'âme sœur, peu importe votre âge, pensez-vous que le fait d'avoir x kilos en trop aide ou nuit à vos recherches? Vous voyez ce que je veux dire par «inconvénients»?

Je suis plus capable d'être grosse - écœuré. le mot est faible !

Pour être suffisamment Kilo Motivé, vous devez canaliser tous ces inconvénients et les transposer en «exaspération totale». Vous devez en venir à penser que vous n'êtes plus capable de porter des vêtements si grands, que vous n'êtes plus capable d'entrer dans un magasin pour personnes de taille forte, que vous ne pouvez plus endurer les regards des gens sur vous, etc.

Ce sont ces exaspérations, si vous les identifiez et les accumulez, qui vous apporteront suffisamment de motivation pour fournir les efforts nécessaires à l'atteinte de votre objectif.

Dans la section «coaching» du livre, vous pourrez faire la liste de vos principaux éléments déclencheurs afin de les garder en mémoire pour le reste de vos jours.

Il y a aussi des éléments déclencheurs positifs qui peuvent vous pousser à agir: être en bonne santé, être plus beau, vivre plus vieux, être capable de jouer avec vos enfants et un jour, vos petits-enfants, etc. Mais les éléments déclencheurs positifs ont rarement autant de puissance «motivationnelle» que les éléments déclencheurs négatifs. Je vous repose la question: êtes-vous assez «écœuré» d'être gros? Si oui, vous êtes prêt. Si non, refermez le livre. Vous le rouvrirez l'an prochain.

Pourquoi l'obésité nuit à votre plein épanouissement

Si vous voulez être suffisamment motivé pour maigrir, vous devez affronter la réalité en face et comprendre que le surpoids nuit à votre vie, et ce, peu importe l'âge que vous avez. Mes propos vous sembleront crus et vous choqueront peut-être, si c'est le cas, c'est parfait, c'est mon but.

Je suis bien placé pour vous en parler parce que de l'âge de 8 à 46 ans j'ai subi, en silence, les inconvénients reliés à l'obésité.

Durant l'enfance

J'ai commencé à être grassouillet vers l'âge de huit ans. Avant cela, j'étais un mignon petit garçon comme les autres. Je le vois encore sur mes photos d'école. C'est à partir de la troisième année du primaire que j'ai commencé à être le «p'tit gros de la classe», avec les inconvénients qui viennent avec. Si vous êtes parent d'un enfant, garçon ou fille, grassouillet ou légèrement obèse, il y a de grands risques qu'il vive ce que j'ai vécu.

Les enfants sont généralement moins préoccupés par leur apparence physique et celle des autres. C'est plutôt les obèses qui ressentent le fait d'être différents. Leurs vêtements sont plus amples que ceux des autres enfants de leur âge. À l'école, dans les rangs deux par deux, ils sont plus larges que les autres. Lorsqu'ils pratiquent des sports comme les jeux de ballon, l'élastique (pour les filles), le hockey, ils soutiennent l'effort moins longtemps que les autres et ils traînent la patte. Ils voient bien qu'ils sont plus essoufflés et qu'ils transpirent plus que leurs camarades. Résultat, c'est l'isolement qui débute. Ils sentent qu'ils ne sont pas aussi performants que les autres et ils restent dans leur coin. Ils se sentent à part, différents. Parfois, ils refusent des invitations à aller jouer après l'école, allant même jusqu'à mentir pour ne pas y aller. Les enfants obèses commencent lentement, d'eux-mêmes, à s'isoler. Ils voient bien qu'ils sont plus gros que les autres, mais à cet âge, ils ne comprennent pas pourquoi. Ils sont comme ça, c'est tout, et ce n'est pas juste, pensent-ils.

À l'adolescence

Avec l'adolescence viennent la croissance, les hormones, les comparaisons, les petits flirts, etc., mais aussi la méchanceté et l'intimidation. C'est là que ça se gâte. Je me rappelle très bien les humiliations que j'ai subies quand, en éducation physique, le prof me criait: «Envoye le gros, cours, ça va te faire maigrir!» Ou lorsque, dans la formation des équipes au baseball, j'étais choisi le dernier, et encore... on me choisissait parce qu'on y était obligé. Ou à la piscine publique, l'été, quand j'allais sur le plongeon et que les 200 enfants qui étaient dans l'eau criaient: «Fais pas la bombe, Bouboule, tu vas vider la piscine!»... et que tout le monde s'esclaffait. Ou encore quand, dans le vestiaire après une partie de handball, les gars ont baissé mes culottes pour rire de moi. Ils n'auraient jamais fait ça au plus beau gars de la classe. Mais le faire à moi, le «p'tit gros», ce n'était pas grave. «C'est juste pour le fun», disaient-ils. Le fun de qui? Sûrement pas le mien. C'était sans compter ma gêne avec les filles. Là, je me sentais vraiment nul. «Les belles filles ne s'intéressent jamais aux gros», me disais-je intérieurement. Celles qui étaient plus proches de moi (mes voisines) venaient toutes me raconter leurs peines d'amour, mais jamais elles n'auraient «frenché» avec moi. La «p'tite grosse» de la classe vivait la même chose que moi. L'intimidation, le rejet et, conséquemment, l'isolement.

Je sais que vous pensez que tout cela aurait dû me motiver à maigrir. Mais à 13 ou 14 ans, on ne comprend pas ce qui se passe avec notre corps. On ne sait pas comment faire pour perdre du poids, et comme on garde le silence là-dessus à la maison, nos parents sont loin de se douter du malheur que nous vivons à l'école. Imaginez aujourd'hui, avec les réseaux sociaux, ça doit être l'enfer d'être le petit gros ou la petite grosse de la classe.

Si vous êtes adolescent en ce moment même, vous vivez probablement quelque chose de similaire. Par contre, vous avez aujourd'hui à votre disposition des outils comme *Kilo Motivé,* qui n'existaient pas à mon époque, pour vous aider à comprendre pourquoi vous avez du poids en trop et comment parvenir à le perdre.

Vous êtes une personne extraordinaire, mais les autres ne le voient pas. Vous ne méritez pas les humiliations que vous vivez.

**Prenez la décision de changer votre vie.
JAMAIS vous ne le regretterez.**

À l'âge adulte

Une fois adulte, ça se calme un peu. Les adultes, en tout cas la plupart, sont capables de retenue face à l'obésité de quelqu'un. Ce sont les regards et les sous-entendus que l'on doit affronter. Lorsqu'on entre dans un endroit public, dans une réunion de parents à l'école ou que nos enfants nous présentent aux parents de leurs amis, il y a toujours un petit silence. Ça dure une fraction de seconde, mais on sait que les gens se disent intérieurement : « Iiiiiii, yé ben gros ! » Si vous êtes un homme, ce sont les mauvaises blagues de vos chums, qui vous « écœurent » à l'occasion. Si vous êtes une femme, c'est votre belle-sœur qui fait exprès de vous montrer la belle petite camisole d'été qu'elle vient de s'acheter. Avouez que ça vous fait suer.

Même si les quolibets sont moins présents une fois adulte, c'est à cet âge que commencent les régimes et les tentatives de perdre du poids. Toutes les personnes qui ont du poids à perdre, ou presque, ont fait des tentatives infructueuses. On appelle ça faire le yo-yo. À force de faire le yo-yo, la confiance en soi diminue et le sentiment de résignation se pointe graduellement.

Ce fut mon cas. De l'âge de 20 à 35 ans, j'ai tenté à trois reprises de perdre du poids. J'ai alors perdu de 14 à 18 kg (30 à 40 lb) et, chaque fois, je les ai repris dans les mois suivants. Il faut dire que j'employais des régimes « miracles » qui me faisaient perdre du poids rapidement sans m'obliger à modifier mes habitudes alimentaires et d'entraînement de manière significative. Ma résignation s'est amplifiée. «Je suis fait pour être gros!» me disais-je intérieurement. Résultat: de 35 à 45 ans, j'ai complètement abdiqué face à mon obésité. C'est peut-être aussi votre histoire que vous êtes en train de lire.

Une fois à l'âge adulte, c'est comme si nous faisions le constat que nous ne sommes pas capables de maigrir. C'est faux!

La difficulté de porter les vêtements qui nous plaisent

Je ne compte plus les fois où ma conjointe m'a dit: «Ah, je suis tannée d'aller magasiner dans des boutiques pour personnes de taille forte!» Elle n'est pas la seule. Toutes celles qui doivent le faire (bien malgré elles) – et dans une moins grande mesure les hommes – ont en horreur d'aller dans des boutiques pour «gros».

Y a-t-il secret mieux gardé que la taille des vêtements que porte une femme? Eh bien, je taisais moi aussi la taille de mes vêtements lorsque j'avais des kilos en trop. Quand, un jour, j'ai dû prendre une taille XXL, ça m'a blessé dans mon orgueil, je vous le jure.

Au-delà de la taille des vêtements, il faut tenir compte de l'apparence qu'ils nous donnent. Il ne faut pas choisir de couleurs trop voyantes, ça grossit. Pas de vêtements avec des lignes horizontales, ça élargit. Pas de jupes en haut des genoux pour les dames, on voit trop les cuisses lorsqu'elles croisent les jambes. Pas de vêtements trop ajustés, ils montrent trop les bourrelets. Il y a des tonnes de contraintes! De plus, il faut faire plusieurs magasins. Dans l'un, ça ne tombe pas bien, dans l'autre, c'est trop serré des fesses, ou encore du buste, etc. Finalement, on se rabat toujours sur des vêtements noirs et amples. Ah que j'étais donc «écœuré» de porter du noir!

C'est sans compter le choix de lignes, de coupes et de couleurs, qui est beaucoup moins intéressant pour les « tailles fortes ». Bref, magasiner pour des vêtements lorsqu'on a du poids en trop, c'est toujours un calvaire.

L'inconfort physique

L'autre jour, dans un endroit public, j'observais une adolescente d'environ 15 ans qui portait un jeans à taille basse – il paraît que c'est la mode chez les ados. Le hic, c'est que l'adolescente avait peut-être 9 kg (20 lb) en trop. Elle ne souffrait pas d'obésité, statistiquement parlant, pourtant vous auriez dû voir son inconfort à porter son fameux jeans. Elle ne faisait pas trois pas sans être obligée de le remonter. Elle le relevait du côté gauche. Il baissait du côté droit. Lorsqu'elle s'assoyait, évidemment, on lui voyait la craque de fesses, alors elle tirait sur son jeans pour cacher ses fesses. Ah là là ! Toute cette énergie dépensée pour porter le fameux jeans à la mode. Ce n'est qu'un exemple tout simple.

Il y a un paquet d'inconforts physiques que l'on doit endurer lorsqu'on a du poids en trop. Selon le cas, ça va du jeans taille basse qui descend tout le temps à l'incapacité de se pencher pour attacher ses souliers. C'est sans compter les vêtements qui retroussent, la difficulté à s'adosser complètement dans un fauteuil, le ventre qui frotte sur le volant de la voiture. Au restaurant, on évite de s'asseoir sur les banquettes parce qu'on ne peut pas les reculer. Au cinéma, nos épaules touchent nos voisins de gauche et de droite. Pour nous, les hommes, notre ceinture se tourne toujours à l'envers et vous, les femmes, vos bretelles de soutien-gorge s'encastrent dans vos épaules. Et j'en passe. Je suis certain que vous vivez d'autres inconforts que monsieur et madame Svelte ne soupçonnent même pas.

En ce qui me concerne, je devais retenir mon souffle avant de me pencher pour attacher mes souliers. J'ai fini par m'acheter des « loafers » pour éviter le problème. À vélo, mes cuisses relevaient mon ventre à chaque coup de pédale. Ça, ça m'exaspérait.

Je connais une dame qui, lorsqu'elle s'assoit, peu importe où, se cache toujours le ventre. Soit elle prend un coussin ou une couverture, soit elle garde un chandail ou un manteau avec elle, qu'elle ramasse en boule et qu'elle place sur ses cuisses pour le cacher.

Quels inconforts physiques ressentez-vous ?

_____

_____

_____

_____

_____

La vie de couple

C'est un sujet délicat à traiter, mais l'embonpoint et l'obésité peuvent aussi avoir un effet négatif sur la vie de couple. À moins que votre conjoint soit aussi obèse, il y a fort à parier qu'il vous fasse savoir à l'occasion que vous seriez plus beau et plus en santé si vous n'aviez pas votre bedaine. Pour avoir entendu des confidences de la part de gens qui sont en couple avec un conjoint obèse, je peux vous assurer que pour plusieurs d'entre eux, leur relation devient, avec le temps, « platonique ». Je ne dis pas que l'obésité de l'un en est l'unique raison, mais elle amplifie le problème, c'est certain. Au-delà de l'apparence physique, j'ai toujours appris que pour que l'amour et la flamme demeurent allumés, les deux partenaires doivent être impressionnés par l'autre. Évidemment, c'est souvent une question d'attitude, mais on ne peut faire abstraction du fait que le surpoids de l'un peut désenchanter l'autre. C'est plate à entendre, mais c'est une réalité à considérer. Alors, atteindre votre poids santé est une excellente façon d'impressionner votre conjoint. Qui sait, peut-être que ça donnera un second souffle à votre couple?

Les rapports sexuels

Tant qu'à être dans les sujets délicats, abordons le plus délicat de tous, pour ne pas dire tabou: le sexe chez les obèses. En 2009, une animatrice d'une station de radio populaire m'a demandé de coanimer une tribune téléphonique sur la vie et les pratiques sexuelles des gens qui sont gros. Wow! Quelle expérience! J'hésite à la qualifier. Pendant 90 minutes, nous avons entendu des femmes et des hommes obèses témoigner de leur rapport avec le sexe.

«Je n'ai pas fait l'amour depuis sept ans!» nous a dit en pleurant une femme de 36 ans. «Je ne suis plus capable d'être par-dessus ma conjointe», confiait un homme du même âge. Certains ont parlé de douleur, de grave inconfort, de difficulté à exécuter une véritable pénétration et d'érection fragile ou carrément inexistante. Les femmes, certaines en pleurant, exprimaient la peur qu'elles avaient de ne plus plaire à leur conjoint et qu'il finisse par aller voir ailleurs. Des hommes nous ont dit leur gêne de ne plus voir leur pénis, enfoui dans la graisse.

Tous nous ont parlé du manque de désir et d'appétit sexuel qui accompagne l'obésité.

C'est cru, mais c'est la réalité de beaucoup de gens. Si vous ne vous sentez pas concerné par cette situation, tant mieux, mais si vous l'êtes, qu'attendez-vous? Vous pouvez la changer et retrouver le plaisir de la vie sexuelle. Dépêchez-vous pendant qu'il en est encore temps.

Parents obèses, enfants obèses

Autre sujet particulièrement délicat. Si vous êtes obèse et que votre conjoint l'est aussi, il est possible que les enfants découlant de votre union aient tendance à l'embonpoint. Pas à cause de la génétique (vous savez ce que j'en pense), mais parce que vos habitudes alimentaires, et possiblement sédentaires, ont une influence sur eux.

Je ne vous cacherai pas que cette éventualité m'a toujours hanté. Sans en parler ouvertement lorsque j'étais obèse, j'avais peur que mes enfants aient aussi cette tendance. Heureusement, ce ne fut pas le cas. Ma conjointe et moi avons toujours fait attention à leur alimentation ainsi qu'à la quantité de nourriture qu'ils mangeaient. Nous les avons aussi, dès leur jeune âge, inscrits à différents sports qui les ont amenés à faire beaucoup plus d'exercice que nous. Vous me direz: «Mais alors, pourquoi ne faisiez-vous pas la même chose pour vous?» En ce qui me concerne, c'était simplement une question d'habitudes alimentaires et de manque de motivation.

Revenons aux enfants issus de parents obèses. Soyons honnêtes, nous voulons tous le meilleur pour nos enfants. Alors, n'est-ce pas suffisant pour vous motiver à vous prendre en main pour que vos enfants soient fiers de vous, mais aussi pour qu'ils ne tombent pas dans le piège des mauvaises habitudes alimentaires et, éventuellement, de l'obésité.

Je ressens toujours un malaise (je sais que vous êtes comme moi) lorsque je croise une famille d'obèses. Le papa et la maman ont chacun environ 22 kg (50 lb) en trop, mais ce n'est pas le pire. C'est lorsqu'on constate que leurs deux enfants ont aussi un gros problème de surpoids, même à

10 ou 12 ans. Dans mon cœur, j'ai de la peine parce que je sais que l'adolescence ne sera pas facile pour eux.

J'aurais envie de leur crier: «Qu'est-ce que vous attendez?» mais je sais que ça ne fonctionne pas comme cela. Il faut que le désir de changer vienne de la personne elle-même et non des autres.

Si, à l'époque, quelqu'un m'avait suggéré de perdre du poids (ma mère l'a souvent fait, mais une mère ce n'est pas la même chose), je l'aurais envoyé promener, je vous le jure. Si vous êtes dans cette situation, je sais que cela vous désole. Arrêtez de penser que ce n'est pas de votre faute. Prenez la situation en main et prouvez à vos enfants tout l'amour que vous avez pour eux en devenant leur exemple à suivre. C'est un cadeau que vous LEUR faites. C'est un cadeau que vous VOUS faites.

Une vie active mise en veilleuse

Si vous avez 20 kg (40 lb) en trop, avez-vous déjà essayé d'entrer dans un kayak? Ou encore de jouer au volleyball en bedaine avec les beaux-frères sur la plage? Pas vraiment, me direz-vous sûrement...

Qu'on le veuille ou non, le surpoids, et encore plus l'obésité, nuit à la vie sociale. Ce n'est pas évident de jouer au hockey dans une ligue de garage quand on est obèse – d'ailleurs, depuis l'âge de 15 ans, je n'ai jamais rejoué au hockey, j'ai patiné, mais pas question d'être en compétition avec d'autres gars, et puis je ne voulais pas être la cause de la défaite de l'équipe –, alors on se trouve une excuse et on s'abstient. Même chose pour les femmes obèses. Les voisines vont toutes faire de l'aérobie une fois par semaine mais vous, vous n'avez pas le temps, n'est-ce pas?

Ce n'est pas non plus évident de voyager lorsqu'on a beaucoup de poids en trop. Pas évident de faire du vélo. Pas évident de faire du karting lorsqu'on n'entre même pas dans le siège. Pas évident de faire de la natation, de se baigner. Pas évident d'aller grimper le sentier qui mène au belvédère et qui donne une vue splendide sur le paysage, etc. Je sais de quoi je parle. Je me suis privé d'une vie active pendant de longues années. Je me rattrape maintenant.

Toute cette vie active que vous aimeriez tant goûter, mais dont vous devez vous priver parce que vous préférez goûter trop d'aliments... Qu'attendez-vous?

Les maladies

Tous les experts de la santé le disent, avoir du poids en trop, c'est augmenter ses risques de décéder prématurément. Je sais bien que ce ne sont que des statistiques, mais mon assureur s'est quand même fié sur elles pour me refuser une assurance-vie.

Vous le savez et je le sais, porter du poids en trop, c'est être comme une petite voiture qui transporte dans son coffre le contenu destiné à un camion lourd. Elle peut le faire pendant un moment, mais avec le temps, ses pièces mécaniques ne pourront plus supporter cette charge imposante et se briseront l'un après l'autre.

Notre corps est conçu pour supporter notre poids santé. Au-delà de ce poids, tous ses organes sont trop sollicités et finissent par flancher.

Accepter d'être obèse, c'est accepter de vivre moins vieux et d'être plus malade que ceux qui ont un poids santé.

La vieillesse prématurée

La vieillesse est inévitable. Ce que l'on peut éviter, par contre, c'est de vieillir prématurément à cause de l'obésité. De nos jours, on voit de plus en plus de gens de 70 ans qui sont encore très actifs. Ils font du bénévolat, aident leurs enfants dans divers travaux, voyagent, font du vélo ou sont membres de clubs de marche. Bref, ils bougent et se sentent en vie.

À l'inverse, on voit aussi, à l'occasion (ils sortent moins), des gens qui doivent se déplacer dans des fauteuils roulants électriques. Souvent, ces personnes n'ont pas 70 ans, mais elles ont de la difficulté à se déplacer en marchant tellement elles ont du poids en trop. Je sais qu'on ne connaît pas l'histoire de ces gens et que certains d'entre eux ne l'ont pas eu facile, mais voir un être humain obligé de «rouler» au lieu de marcher à cause de son poids, ça m'attriste.

La vieillesse et le surpoids ne font pas bon ménage.

Les deux augmentent le risque de blessure, de chute, de fracture, de problèmes de dos, d'hypertension, de maladies cardiaques, d'apnée du sommeil et de plusieurs autres pathologies qui viennent avec l'âge, mais plus rapidement si nous avons du poids en trop.

Il y a bien assez des problèmes de santé que nous ne contrôlons pas et qui sont inévitables que nous devons endurer sans ajouter ceux que l'on pourrait éviter.

Aucun être humain ne devrait vieillir prématurément. La vie est trop belle pour l'écourter. Vous ne méritez pas cela. Qu'attendez-vous?

Des traits de personnalité incongrus

On en parle rarement, mais c'est un fait. Comme les gens obèses ont de la difficulté à s'accepter tels qu'ils sont, ils supposent que les autres ont aussi de la difficulté à les accepter (ce qui est parfois vrai). Ils ont donc tendance à compenser ces difficultés d'acceptation en développant des traits de personnalité qui ne sont pas réellement les leurs. Ce phénomène est aussi vrai chez les femmes que chez les hommes. En voici quelques exemples.

L'isolé

J'en ai déjà parlé précédemment. Surtout à l'adolescence, mais pas uniquement à cette période, les gens qui ont du poids en trop ont tendance à s'isoler des autres. Pourtant, ils seraient ravis de bavarder, de jouer, de sortir, etc., avec les gens qui les entourent, mais ils redoutent leur jugement et ont peur des commentaires désobligeants qui risquent de survenir. Alors ils se confinent à un petit (très petit) cercle d'amis. Comme ça, ils ne risquent pas de se faire humilier par les autres.

On croit, à tort, que ces gens ont une personnalité introvertie. C'est faux. Ils se retiennent, tout simplement.

J'ai vu des obèses introvertis qui, après avoir perdu du poids, ont totalement changé de personnalité (c'est-à-dire qu'ils ont affiché leur vraie personnalité). Aux yeux des autres, ils sont devenus de nouvelles personnes.

Le bon gars

Il y a aussi ceux qui se transforment en « Roger Bontemps ». C'était mon cas. Ils s'arrangent pour plaire à tout le monde. Ils rient. Ils sont toujours de bonne humeur. Ils ont toujours la même opinion que tout le monde. Ils sont les gentils de service. Toujours prêts à aider les autres. Toujours prêts à les écouter, à les consoler même. Même si à l'intérieur ils vivent souvent une détresse plus grande que celle de la personne qu'ils consolent. Chacun d'eux devient le bon gars ou la bonne fille de la place. Peut-être avez-vous déjà entendu ceci: «Elle est grosse, mais tellement gentille!» Traduction: une chance qu'elle est gentille, sinon elle serait juste «grosse». La stratégie a fonctionné. Elle est acceptée parce qu'elle est gentille.

Certains poussent même l'ineptie jusqu'à rire d'eux-mêmes en public. Ils font des «jokes de gros» sur eux-mêmes. Ça fait rire les autres et, en prime, ça les aide à se faire accepter (et à s'accepter eux-mêmes). Je suis certain que vous pensez en ce moment même à certains humoristes qui utilisent ce stratagème. Ils aident les gens à rire d'eux devant eux au lieu de le faire dans leur dos. C'est brillant! En plus, quand ils gagnent leur vie à faire des «joke de gros», ça leur donne une sacrée bonne excuse pour ne pas maigrir.

La brute

Il y a évidemment ceux qui se transforment en véritables bourreaux des autres. Que ce soit le patron à grosse bedaine, le gros chef de gang ou le gros de l'école, les raisons de cette apparente méchanceté sont les mêmes: ils veulent devenir le bourreau des autres plutôt que leur souffre-douleur. Je suis certain que vous avez en tête un film où le chef des motards est le plus gros de la gang et celui autour duquel tournent toutes les belles filles. Dans la vraie vie, sauf exception, les belles filles ne tournent pas autour des gros. Les belles filles cherchent le pouvoir. C'est le chef qu'elles collent, pas le gros.

Le même phénomène de «bourreau des autres» est aussi présent chez les femmes. Vous en connaissez. Vous savez, la «grosse» du bureau ou de l'usine qui est bête comme ses pieds et qui n'est pas «parlable». Tout le monde sait qu'il vaut mieux être de son côté plutôt que le contraire, sinon... Là aussi, la stratégie fonctionne. Les bourreaux «gros» finissent par obtenir le respect des autres.

Soyons francs. Les gros, ça n'intéresse personne. On ne veut pas les voir. On ne veut pas en entendre parler. On veut les ignorer. Ils ont juste à se prendre en main. C'est tout!

Nous, les gros, on le sait. C'est pourquoi on travestit notre personnalité pour plaire quand même, jusqu'à ce qu'on ait le courage de se prendre en main, de perdre du poids et de faire ressortir notre «vraie» personnalité.

Obèse et parfaitement heureux: mission impossible

Je ne crois pas que ceux qui ont 10 kg (20 lb) à perdre soient malheureux, mais les obèses, selon moi, ont tous un petit quelque chose qui les empêche d'être pleinement heureux. Ce petit quelque chose est en fait un gros quelque chose: leur poids en trop ainsi que les inconvénients qui en découlent. Ceux qui lisent ces lignes et qui n'ont jamais été obèses ne peuvent pas comprendre mon affirmation, mais les obèses savent très bien ce que je veux dire.

Personnellement, j'ai souvent vécu de beaux moments de bonheur dans ma vie: mon mariage, la naissance de mes enfants, l'achat de ma première maison, mon premier voyage en Europe, etc. Autant d'événements qui m'ont fait dire: «Que je suis chanceux de vivre ça!» Mais lorsque je pensais vivre un parfait bonheur, il y avait toujours une petite voix qui venait me dire: «Hum, ce serait parfait si tu n'étais pas obèse!»

> Peu importent les bonheurs que je vivais, le petit bémol de mon obésité demeurait toujours dans un coin de ma tête et venait ternir quelque peu ma joie.

J'ai déjà cru que j'étais peut-être le seul à penser cela, mais j'ai demandé à plusieurs obèses qui ont réussi à perdre leur poids en trop et ils m'ont tous affirmé la même chose:

«Il est possible d'être heureux en étant obèse, mais pas complètement heureux.»

Comme les moments joyeux de la vie sont souvent accompagnés de photographies, c'est là que ça se gâte. Regardez un obèse sur une photo. Soit il est assis, soit il cache son ventre, soit il se place derrière un autre. Autant de manières de se camoufler, car il sait bien qu'un jour il devra se regarder sur ces photos.

Combien d'hommes se font pousser la barbe pour cacher leur double menton? Combien de femmes portent des vêtements amples pour camoufler leurs bourrelets? Combien de gens disent ne pas avoir envie de se baigner parce que, au fond, ils ne veulent pas se mettre en maillot? Lorsque je pesais 109 kg (240 lb), jamais je ne me promenais torse nu. À 32 °C, c'est chaud un t-shirt, mais je préférais endurer cela plutôt que les autres voient mon ventre. Même sur la plage, je portais toujours un t-shirt, question de cacher mon ventre.

Plusieurs autres exemples pourraient s'ajouter à ceux-ci. Si vous êtes obèse, je sais que vous comprenez très bien ce que je veux dire.

Ce n'est pas évident d'avouer et de reconnaître ces faits, mais c'est peut-être le début de votre acceptation de la réalité. Vous voulez être totalement heureux, alors vous savez ce qu'il faut faire.

L'album de Guy

Magie? ...

... Non, Kilo Motivé!

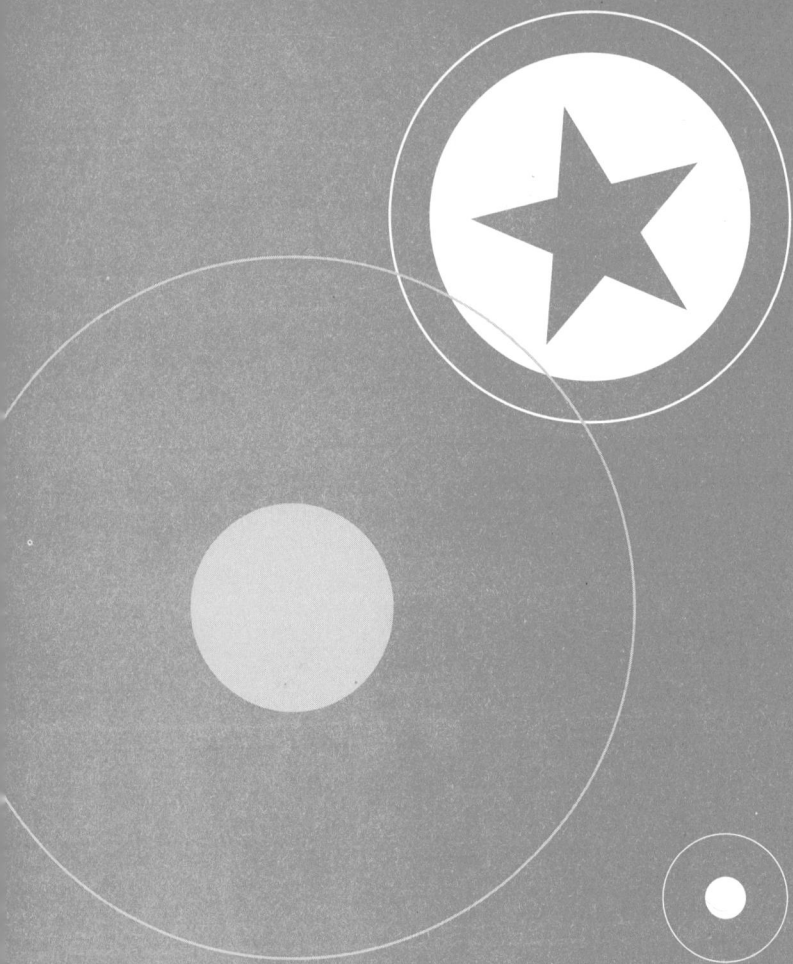

Les avantages de perdre du poids

Enfin, j'y arrive. Même si je crois que vos véritables motivations sont plus « négatives » que « positives », il n'en demeure pas moins que lorsqu'on réussit à atteindre notre poids santé, un paquet d'avantages s'offrent à nous.

Ça va vous sembler exagéré, mais je vous jure que ma vie n'est plus la même.

Je parie que vous ressentirez la même chose. Je n'ai jamais rencontré quelqu'un qui ait regretté d'avoir perdu du poids. Pourquoi ? Simplement parce que cela comporte beaucoup plus d'avantages que d'inconvénients. En voici quelques-uns.

Vous aurez plus de vitalité
Quelle différence ! La première chose que l'on remarque lorsqu'on perd du poids, c'est le regain d'énergie que cela apporte. Dès que vous perdez quelques kilos et que vous vous

entraînez, c'est magique, votre énergie quotidienne se multiplie. Imaginez après avoir perdu 5, 10, 15 kg (10, 20, 30 lb), etc. L'effet est incroyable ! C'est comme si on vous enlevait un poids sur les épaules. C'est finalement un peu cela qui arrive. Imaginez si vous deviez porter un poids de 20 kg (45 lb) toute la journée, que jour après jour vous traîniez ce poids, puis qu'un jour, on vous l'enlève. Wow ! Quel soulagement. C'est à peu près la même chose, sauf que le poids s'enlève graduellement.

> **Avoir de l'énergie en plus, c'est un bonus pour le travail, les loisirs, les tâches quotidiennes, jouer avec les enfants, faire du sport, voyager, etc. Tout devient plus facile.**

On a le sentiment d'être sur les stéroïdes (du moins j'imagine que ça fait le même effet...). Avec plus d'énergie, de nouveaux horizons s'ouvrent à nous.

En ce qui me concerne, je vous jure que je me sens plus en forme aujourd'hui, à 55 ans, qu'à 40 ans, à l'époque où j'étais obèse, et j'ai l'impression de ne pas vieillir. Juste pour cette nouvelle vitalité, ça vaut vraiment la peine de perdre du poids.

Vous serez en meilleure santé

Même si je n'étais pas malade à l'époque où je pesais 109 kg (240 lb), il n'en demeure pas moins qu'avec 36 kg (80 lb) de moins, ma santé s'est améliorée. Ma tension artérielle a baissé. Mon rythme cardiaque au repos a diminué. Donc, mon cœur travaille moins fort – ce qui est une bonne nouvelle. Je transpire beaucoup moins. Ma digestion s'est améliorée. Surtout, mon dos ne me fait plus mal. Ma colonne vertébrale me remercie chaque jour.

Je ne connais pas votre état de santé actuel, mais en perdant du poids et en vous entraînant, il ne peut que s'améliorer. Le contraire est impossible. C'est une excellente motivation.

Vous serez plus à l'aise physiquement

Aussi terre à terre que ça puisse paraître, le seul fait de ne plus avoir de bedaine qui vous nuit lorsque vous vous penchez, le matin, pour lacer vos souliers change le début de la journée et est un avantage fantastique. Selon le poids que vous avez à perdre, il se peut que votre corpulence vous occasionne des inconforts que les gens minces ne soupçonnent même pas. Se pencher. Monter un escalier. Aller à la toilette. Mettre ses bottes en hiver. Autant de gestes quotidiens qui prennent une tout autre signification lorsqu'on est gros.

Maintenant, ces situations ne sont plus que des souvenirs pour moi, mais je me rappelle très bien lorsque j'allais dans certains restaurants avec banquettes et que mon ventre était accoté sur la table. Lorsque, dans ma voiture, mon ventre frottait sur le volant. Lorsque j'allais au cinéma et que j'étais serré dans le fauteuil. Lorsque je prenais l'avion et que la ceinture de sécurité était étirée au maximum. J'ai même parfois dû demander une extension de ceinture (ça existe).

J'ai des amis qui ont maigri de seulement 10 kg (20 lb), mais qui m'ont affirmé se sentir tellement mieux! Quel que soit le poids que vous avez à perdre, maigrir aura assurément un effet positif sur vous.

Lorsque je cours, j'ai l'impression de gambader au lieu de traîner un éléphant sur mon dos. C'est la même chose lorsque je monte un escalier. Dans le passé, après deux étages, je commençais à tirer la langue, alors que maintenant je peux monter quatre étages sans même être essoufflé. C'est tout un avantage.

Vous vous redécouvrirez

Avez-vous déjà rêvé de changer de vie? Je suis certain que oui, n'est-ce pas? Tout vendre, déménager aux îles Turquoises ou à Vancouver et tout recommencer à zéro. Peu d'entre nous ont le courage (ou la témérité) de passer de la parole aux actes.

Perdre 14 kg (30 lb) et plus, c'est l'équivalent de changer de vie. OK, vous demeurerez toujours au même endroit, mais beaucoup de choses vont vraiment changer lorsque vous aurez effectué cet exploit. Comme je l'ai mentionné en introduction, j'ai eu deux vies. Ma vie à 109 kg (240 lb) et ma nouvelle vie à 73 kg (160 lb). Elles sont vraiment distinctes. Seulement en comparant les photos avant et après, la différence est incroyable. Rares sont ceux qui m'ont connu « après » qui peuvent me reconnaître sur des photos « d'avant » et ceux qui m'ont connu « avant » ont de la difficulté à me reconnaître « après ». Je vis encore cela régulièrement lorsque je croise un vieux copain de classe ou un ancien voisin. Ils ont tous la même réaction : « Wow ! Je ne t'aurais jamais reconnu. »

Croyez-moi, ce sera la même chose pour vous. Vous ne vous reconnaîtrez plus et vous découvrirez un nouveau « vous-même ». C'est tellement spécial et gratifiant lorsqu'on voit la métamorphose qui s'accomplit lentement dans le miroir. Ça va vous sembler ridicule, mais je me souviens de l'immense joie que j'ai ressentie lorsque j'ai commencé à voir apparaître les veines sur mes mains et mes avant-bras. J'ai toujours eu les mains et les avant-bras potelés, de sorte qu'on ne voyait pas mes veines. Pour nous les hommes, voir les veines saillir sur nos bras, c'est un peu synonyme de masculinité et de force. Ma conjointe a ressenti la même chose lorsqu'elle a commencé à voir ses trapèzes se redéfinir sur ses épaules et le long de son cou. Pour elle, c'était comme une nouvelle façon d'affirmer sa féminité. Tous les muscles sont aussi mieux définis quand ils ne sont pas enveloppés de graisse. Quel bonheur quand mes doubles mentons (j'en avais deux) ont commencé à disparaître et que mes yeux ont commencé à émerger de mes joues !

Je pourrais continuer la liste des « bonheurs ressentis » à se redécouvrir presque à l'infini. J'ai vécu les mêmes sensations positives lorsque pour la première fois j'ai enfilé un pantalon de taille 44, puis 42, puis 40, jusqu'à 34. Chaque fois c'était grisant. Vous cherchez des raisons pour perdre du poids? En voici une excellente.

Vous ne serez plus la même personne quand vous aurez enlevé votre déguisement de graisse et personne ne vous reconnaîtra au début. Je vous jure que c'est toute une sensation.

Vous aurez plus de tempérance

Si vous cherchez le mot «tempérance» dans le dictionnaire, vous découvrirez qu'il exprime la retenue face à la nourriture et à la boisson. Eh bien, mesdames et messieurs, je suis tempérant. Je ne suis plus «drivé» par la nourriture et je contrôle mes pulsions alimentaires. Je mange pour vivre au lieu de vivre pour manger.

La plupart des gens qui ont du poids à perdre disent, selon les circonstances: «Je ne suis pas capable de résister devant un bon...»; «C'est plus fort que moi, il faut que j'en prenne une deuxième assiette». Ils associent cette incapacité à résister (mais ils le pourraient avec de la discipline) à une perte de contrôle face au mets qu'ils aiment tant. Ils veulent tellement avoir du «plaisir» qu'ils ne peuvent envisager d'en avoir en se retenant.

Pourtant, je vous certifie que vous pouvez avoir autant de plaisir à dire à votre hôtesse qui vous offre une deuxième assiette: «Non merci, c'est suffisant pour moi!» que le contraire. En prime, vous ne ressentirez pas le malaise de devoir détacher votre ceinture ni d'éprouver des ballonnements disgracieux.

La tempérance est une vertu accessible à tous. Habituez-vous à modifier vos habitudes alimentaires et à manger uniquement à votre faim et vous commencerez à ressentir ce plaisir immense de dire: «Non, merci!»

La définition du mot «tempérance» nous dit aussi que ceux qui en font preuve en viennent à avoir plus de «sagesse». C'est peut-être prétentieux, mais je crois vraiment que je suis plus sage maintenant qu'avant, parce que c'est moi qui contrôle ce que je mets dans ma bouche et non l'inverse.

Votre estime de soi augmentera

Votre confiance en vous est votre meilleur outil pour vous réaliser pleinement dans la vie.

Une bonne estime de soi permet d'accomplir des choses qui peuvent nous effrayer, tout en éloignant le stress et la peur de l'inconnu. Plus nous avons confiance en nous, plus nos réalisations sont grandes.

Qu'est-ce qui augmente la confiance en soi? Nos réalisations, petites et grandes. Perdre les kilos que vous rêvez de perdre depuis des années et maintenir votre nouveau poids sera probablement l'une de vos grandes réalisations personnelles. En tout cas, c'est l'une des miennes. Vous ne pouvez pas imaginer le bien que ça fait à l'estime de soi.

Imaginez que depuis votre enfance vous voulez escalader un mur de deux mètres de haut. Vous avez essayé à plusieurs reprises, mais sans succès. Parfois, vous y êtes presque arrivé, mais juste avant d'atteindre le sommet, vous avez glissé jusqu'en bas. Vous avez réessayé encore et encore, mais toujours sans succès. Vous vous êtes donc lassé et avez laissé tomber. Puis, quelques années plus tard, le goût de l'escalader à nouveau vous revient. Cette fois-ci avec une détermination sans pareille. Et maintenant, vous y arrivez. Yé! Le fameux mur qui a été devant vous une bonne partie de votre vie est maintenant une chose du passé. Si cette histoire était vraie, seriez-vous fier de vous? Oui, n'est-ce pas? C'est exactement ce qui se passe lorsque vous atteignez votre poids santé après de multiples tentatives infructueuses. La confiance en soi fait tout un bond en avant, gonflée par cet accomplissement hors du commun.

Peu importe le poids que vous avez à perdre, si vous le traînez depuis plusieurs années et que vous finissez par vous en débarrasser une fois pour toutes, préparez-vous à ressentir une montée d'adrénaline dans votre ego. Vous serez fier de vous, et avec raison, et votre confiance redoublera.

Ne vous privez pas de ce plaisir incommensurable.

Vous serez plus beau

Je ne dis pas que les personnes bien en chair ne sont pas jolies. Ce serait faux. Mais je vous promets que si vous perdez du poids, vous serez aux yeux de plusieurs encore plus beau (belle) que vous ne l'êtes en ce moment.

Le gras a cette particularité de transformer les traits du visage et l'apparence générale. Vous avez sûrement regardé ces téléréalités où l'on suit des «super-obèses» pendant des mois et des mois, et qu'on les voit maigrir devant nos yeux. À la fin, il y a toujours le moment magique où l'on voit une photo grandeur nature d'une jeune fille d'environ 135 kg (300 lb), puis cette même jeune fille traverse sa photo et apparaît, pesant 61 kg (135 lb). La foule présente crie «Wow!» tellement cette personne est devenue belle. Vous voyez ce que je veux dire?

Si vous avez plus de 18 ou 23 kg (40 ou 50 lb) à perdre, vous n'avez aucune idée de ce que vous aurez l'air une fois ce poids perdu, mais je vous certifie que vous serez beaucoup plus beau (ou belle) en dehors et en dedans. Ça vaut vraiment la peine.

Vous aurez plus de *sex-appeal*

Avec une plus grande beauté vient aussi le sex-appeal. Je ne connais pas votre statut social. Êtes-vous jeune adulte, retraité, marié, célibataire, divorcé ou veuf? Peu importe, il y a de fortes chances que votre capacité à attirer l'âme sœur soit décuplée en perdant du poids. Nous avons tous vu un film où le p'tit gros de la classe se transforme, quelques années plus tard, en beau prince charmant, avec toutes les filles – qui à l'époque l'ignoraient – qui s'agglutinent autour de lui, pour son plus grand bonheur. Si vous êtes une femme, mettez cette dernière phrase au féminin et vous arriverez au même résultat.

Perdre du poids augmente votre *sex-appeal* et vous rend plus attirant. Faites-en l'essai. C'est un gros avantage de plus.

L'opinion et le regard des autres changeront pour le mieux

Les gens regardent parfois les personnes obèses comme si elles avaient une anomalie quelconque. Eh bien, lorsque vous aurez maigri, ces regards vont disparaître. Vous serez anonyme dans la foule. Si vous cherchiez l'attention des autres, vous devrez la trouver d'une autre façon.

Au-delà du regard, les opinions des autres vont aussi changer. «Je ne t'en parlais pas quand tu étais plus gras, mais je suis vraiment contente que tu aies maigri. Ça me faisait de la peine de te voir comme ça», m'a dit un jour une bonne amie. Des commentaires comme celui-là ainsi que des félicitations, attendez-vous à en recevoir des tonnes lorsque vous aurez atteint votre objectif.

Je ne sais pas précisément pourquoi, mais le fait d'être témoin de notre perte de poids frappe vraiment les gens qui gravitent autour de nous. Il y a un genre de respect avec un R majuscule qui s'installe. Les gens qui m'aiment ont souligné, à plusieurs reprises, le fait que j'aie réussi: «En tout cas, Guy, je te félicite. Moi, je n'aurais pas été

capable!» Même de purs inconnus, en apprenant ma métamorphose, me félicitent. Encore aujourd'hui, en conférence, les gens applaudissent spontanément en apprenant
que j'ai perdu 36 kg. J'en suis surpris (et ravi) chaque fois.

C'est quand même bizarre. Les êtres humains ont souvent tendance à jalouser les autres lorsqu'ils ont du succès.
Ce sera le cas si vous changez votre vieux tacot pour une
voiture neuve ou si vous déménagez dans une maison cos-
sue, mais je n'ai jamais vu une personne svelte être jalouse
du succès d'une personne qui a perdu du poids. La nature
humaine a quand même de bons côtés.

Vous vivrez sûrement la même chose. Je vous garantis
que l'opinion des autres envers vous va littéralement changer. On vous traitera d'une manière différente. On vous
confiera des secrets qu'on ne vous disait pas auparavant.
On vous fera plus confiance. Vous remarquerez que des
gens qui vous regardaient jadis «de haut» vont dorénavant
vous adresser la parole.

Évidemment, tout cela aura un effet positif sur vous et
vous rendra encore plus fier de ce que vous avez accompli.
Il est même possible, espérons-le, que cette pluie de félicitations vous aide à maintenir votre poids santé.

Pour ma part, ça m'aide chaque jour. Je suis bien conscient
que mon statut de personnage public ayant perdu du poids
augmente sensiblement le nombre de félicitations que je
reçois, mais du même coup, ça augmente aussi ma «motivation» à ne pas retomber dans mes anciennes habitudes. Car
je sais qu'elles sont là, toutes proches, et qu'elles tentent, jour
après jour, de revenir me contrôler. C'est donc une bonne
chose que ma perte de poids soit devenue «publique».

Encore récemment, alors que je mangeais dans un hôtel,
à la fin du repas, mes compagnons de table ont tous commandé le «dessert du jour». Quand ç'a été mon tour, la
serveuse, que je ne connaissais pas, m'a dit: «J'imagine

que vous, vous n'en prenez pas?» Elle m'avait reconnu. En fait, j'étais sur le point de dire: «Même chose pour moi», mais je me suis ravisé et j'ai dit: «Effectivement, je n'en prendrai pas.» Je vous souhaite ce genre de «motivation», qui vous surveille et vous garde alerte.

Vous obtiendrez plus de reconnaissance professionnelle
Il est probable que votre perte de poids ait le même effet avec les gens que vous côtoyez au travail. Pas uniquement auprès de vos collègues, qui seront certainement heureux de ce que vous avez accompli, mais aussi auprès de la direction de l'entreprise. Peu importe votre travail, il y a de fortes chances que votre statut professionnel s'améliore dans les mois et les années suivant votre perte de poids.

> Qu'on le veuille ou non, il y a une loi non écrite qui sous-entend qu'une personne qui s'est laissé aller par rapport à son poids n'a pas la discipline nécessaire pour accomplir une tâche comportant plus de responsabilités.

Même si aucune direction d'entreprise ne l'avouera. À compétences égales, si une personne svelte et une personne obèse postulent pour un même poste, c'est la personne mince qui l'obtiendra assurément.

Des statistiques de ce genre concernent aussi les gens qui sont beaux et ceux qui le sont moins. À compétences égales, la personne qui est plus jolie aura le poste. Je crois que l'on peut appliquer cette théorie aux obèses. En tout cas, ça va dans le sens des commentaires que je reçois.

Au-delà de ce que les collègues de travail et la direction penseront de vous, je vous garantis que votre motivation au travail sera bonifiée. À moins que vous ayez soudainement l'envie de réaliser votre rêve de lancer votre entreprise.

Si vous perdez du poids, vous aurez plus d'énergie. Votre créativité sera plus allumée. Vous serez moins gêné de donner votre opinion dans une réunion et vous aurez plus envie de relever des défis.

Si vous êtes vendeur, je vous prédis que vos ventes vont augmenter. Premièrement, parce que vous aurez plus d'énergie et travaillerez plus fort, et deuxièmement, parce que vos clients et futurs clients vont vous faire davantage confiance et qu'ils achèteront plus.

**Vous aurez la sensation d'avoir accompli
quelque chose de grand**

S'il y a quelque chose qui est intangible, c'est bien le sentiment de puissance que vous aurez après avoir relevé votre défi de perdre du poids. Ce sentiment est très difficile à expliquer, mais il est là. Il existe en nous. Honnêtement, sur le plan de mes réalisations personnelles, si je fais abstraction de mes enfants qui sont une réalisation de couple, le fait d'avoir enfin perdu mes 36 kg (80 lb) en trop, que je traînais avec moi depuis 30 ans, constitue assurément ma plus grande réalisation, celle dont je suis le plus satisfait. Évidemment, je n'ai pas gagné de médaille aux Jeux olympiques ni joué dans la LNH, mais je ressens vraiment un plaisir similaire à ceux qui l'ont fait. En tout cas, j'imagine.

Je vous certifie que vous en retirerez une grande fierté.

En plus, comme vous venez de le constater dans les paragraphes précédents, l'accomplissement de votre rêve de perdre du poids de manière durable transcendera plusieurs aspects de votre vie.

Je suis certain que, selon votre vécu personnel, vous pourriez poursuivre cette liste des avantages à perdre du poids encore et encore. Tant mieux. Il y a tellement de raisons de le faire que ça vaut la peine d'en prendre conscience.

Pour vous, quels sont les avantages à perdre du poids?

_____

_____

_____

_____

_____

Si vous êtes en début ou en cours de processus de perte de poids, j'espère que vous avez maintenant d'excellentes raisons de continuer jusqu'au bout.

Lorsque vous traverserez une période de découragement, je vous suggère de revenir lire ces lignes. Elles vous motiveront. Quand j'étais jeune, on appelait cela «avoir la foi». Avoir la foi que les efforts que vous faites en ce moment ne sont pas vains. Ils le seront seulement si vous reprenez le poids déjà perdu. Vous devrez alors recommencer. Mais je sais que vous ne voulez pas que ça arrive.

L'album de Guy

En 2005, quelques mois avant que je me décide... enfin!

Été 2009

La méthode Kilo Motivé

Vous êtes maintenant prêt à découvrir la méthode Kilo Motivé et à l'appliquer au quotidien. Cette méthode n'existait évidemment pas lorsque j'ai perdu du poids. Je l'ai «inventée» à partir de ce que j'ai moi-même fait pour perdre mes 36 kg (80 lb) en trop. Lors de la tournée de conférences «Motivation Poids Santé» en 2009-2010, j'en ai fait état devant des milliers de spectateurs. Au fil des ans, je l'ai aussi enseignée à diverses personnes qui me demandaient de les aider à se motiver à perdre du poids et lorsque j'ai coaché quatre groupes de participants dans le cadre du programme Défi Diète.

La méthode a pour but de vous aider à «garder le focus» sur votre objectif final, à demeurer motivé jusqu'à la fin, et plus encore.

Est-elle infaillible? Oui et non. Oui, si vous êtes prêt et si vous suivez mes conseils à la lettre. Non, si vous les négliger. C'est donc vous qui décidez.

En supposant que vous décidiez d'aller plus loin et de plonger dans votre défi, je serai de tout cœur avec vous. Je ne serai pas présent en personne, mais par mes écrits et mes conseils, sachez que je vous accompagnerai à chaque seconde de votre périple vers votre «nouveau vous».

Je vous l'affirme à nouveau : JAMAIS VOUS NE REGRETTEREZ LES EFFORTS QUE VOUS FEREZ POUR ATTEINDRE VOTRE POIDS SANTÉ.

Alors, si vous êtes vraiment prêt, ça commence immédiatement. Je vous invite donc à vous engager envers vous-même en remplissant le formulaire d'engagement «Kilo Motivé» ci-contre.

C'est le premier pas à faire pour réussir !

Note : Dans les pages qui suivent, vous devrez répondre à plusieurs questions. Si vous êtes sérieux dans votre engagement, vous devez vous habituer à prendre en note certaines choses par rapport à vos habitudes. Je vous suggère d'écrire vos réponses à la page indiquée, puis de les regrouper dans votre «Portrait de départ» à la page 160. Vous aurez également besoin de ces informations dans la section «Votre coaching Kilo Motivé» (page 163).

ÊTES-VOUS KILO MOTIVÉ ? ENGAGEZ-VOUS !

À partir de maintenant, je m'engage à faire ce qu'il faut pour atteindre mon poids santé.

Date :

Nom :

Mon poids actuel :

Poids visé :

Mois et année de l'atteinte de mon objectif final :

Quelles sont mes « kilo-motivations » à atteindre mon poids santé une fois pour toutes ?

Signature :

Les 20 points de la méthode Kilo Motivé

1 **Calculez le nombre de calories que vous ingurgitez actuellement en une journée**

> C'est le passage obligé. Pour réduire le nombre de calories que vous ingérez et perdre du poids, vous devez prendre conscience de ce que vous mangez et buvez en ce moment. Connaître le nombre de calories qui vous cause tout ce poids en trop, c'est le début de la guérison.

Le but est de savoir d'où vous partez. Il faut donc compter tout ce que vous mangiez et buviez en temps normal dans les derniers mois. Peut-être avez-vous déjà fait l'exercice en page 37 ? Sinon, c'est le temps de vous y mettre. C'est un exercice fastidieux au début, mais ô combien révélateur. Alors, sortez un papier et un crayon et commencez dès aujourd'hui à noter tous les aliments et les boissons ingurgités chaque jour. Commencez par écrire l'aliment et la boisson, puis répertoriez le nombre de calories qu'ils contiennent, tel qu'indiqué sur leurs emballages respectifs. Pour les aliments non emballés comme les viandes, les fruits, les légumes, etc., référez-vous à l'annexe qui est à la page 236 ou encore cherchez-les sur Internet. Vous les trouverez facilement. Si vous fréquentez occasionnellement les restaurants de *fast food*, la majorité d'entre eux affichent les valeurs nutritives à l'endos de leurs napperons, sur des dépliants bien en vue ou sur leur site Internet. Évidemment, avec le temps, on finit par intégrer tout cela et on sait qu'une boulette de viande à la maison ou dans un resto compte à peu près le même nombre de calories. Même chose pour les sauces, les vinaigrettes, les desserts, la crème glacée et tous les autres aliments que vous consommez à la maison.

Soyez honnête envers vous-même.
De toute façon, vous serez le seul à voir le total.

Faites le total pour chaque semaine, incluant les week-ends, et divisez ce nombre par sept pour obtenir votre moyenne quotidienne. Revenez inscrire ce nombre ci-dessous dans une semaine. Attendez-vous à ce que ce soit un nombre assez impressionnant. C'est le but. En ce qui me concerne, je consommais 3350 Calories par jour. Imaginez, c'est 1000 Calories de plus que ce qu'un homme de taille moyenne faisant peu d'activité physique devrait consommer. Quand j'ai pris connaissance de ce nombre, je suis vraiment tombé des nues.

Si vous êtes une femme qui fait peu d'activité physique, comme vous le savez, vous devriez consommer 1800 Calories par jour. Comme il y a des femmes obèses qui mangent parfois autant que les hommes, imaginez l'écart.

Nous ne sommes pas gros pour rien !

Alors, c'est fait ? Quel est votre total quotidien :

2 **Calculez le nombre de calories que vous dépensez grâce à l'activité physique**

Il faut maintenant effectuer le même exercice pour l'activité physique que vous faites chaque jour. Soyez honnête ! Si vous marchez durant votre travail, à moins que vous ne soyez facteur, ça ne compte pas vraiment. Ça doit être une activité où votre respiration s'accélère un peu, et qui provoque quelques gouttes de sueur sur votre front. Par exemple, faire de la marche rapide ou de l'aérobie, jouer au hockey (ou à d'autres sports semblables), jouer aux quilles, tondre la pelouse, passer l'aspirateur, faire du vélo, nager, et évidemment, s'entraîner en salle. Faites le total en minutes et en calories pour la semaine et divisez-le par sept pour trouver le total par jour.

> **Vous pouvez utiliser le tableau en page 241 pour vous aider.**

Dans mon cas, je faisais 30 minutes de marche rapide trois fois par semaine l'hiver et du ski alpin cinq à six fois par saison. Le reste de l'année, je remplaçais la marche par 120 minutes de vélo par semaine et 90 minutes de tonte de pelouse. Comme je suis propriétaire d'une maison, je dois en entretenir l'extérieur, le terrain, la piscine, etc., selon les saisons. J'ai évalué que l'hiver, en pelletant, je faisais ± 20 minutes d'exercice par jour, et que pendant les autres saisons ça montait à ± 30 minutes par jour. En transformant les minutes d'exercice en calories, je brûlais ± 200 Calories par jour.

Et vous, combien de calories brûlez-vous par jour?

---

3 Trouvez vos trois motivations négatives

Maintenant que votre portrait alimentation/activité physique est établi, vous devez identifier les raisons pour lesquelles vous voulez changer votre mode de vie (voir p. 65). Cette étape est très importante. Ce sont vos principales MOTIVATIONS. Si vous ne les trouvez pas, vous ne réussirez pas à atteindre votre objectif santé.

Voici mes trois motivations NÉGATIVES:

» « J'ai peur de faire un infarctus à 50 ans comme mon père. »

» « Je suis "écœuré" d'avoir mal au dos quand je suis longtemps debout. »

» « On m'a refusé une assurance-vie. »

Quelles sont les vôtres?

---

4 **Trouvez vos trois motivations positives**

Cette étape est plus facile à faire. Quelles sont les trois motivations POSITIVES qui vous animent.

Voici mes trois motivations POSITIVES :

» Je veux vivre vieux et en bonne santé.

» Je veux continuer de voyager confortablement.

» Je veux être à l'aise dans mes mouvements.

Quelles sont les vôtres ?

_____

5 **Faites votre portrait de départ et définissez clairement vos objectifs**

Pour savoir où vous voulez vous rendre, il faut d'abord savoir d'où vous partez. Je vous suggère donc de prendre vos mensurations et d'inscrire les valeurs obtenues dans «Mon portrait de départ» à la page 160.

Prenez toutes les mensurations qui sont susceptibles de vous motiver : tour de taille, tour de hanche, poitrine, épaule, cou, cuisse, bras, etc.

Une fois votre portrait de départ terminé, il est temps de définir vos objectifs précis. Il est important d'être réaliste dans vos objectifs si vous voulez que ceux-ci vous motivent. Des objectifs trop élevés auront tôt fait de vous démoraliser. Vous pouvez même y aller par étapes. Par exemple : «D'ici la fin de l'année, je vais perdre 12 kg (26 lb) et l'an prochain, je perdrai encore 10 kg (22 lb).»

Prenez le temps de bien y réfléchir. Soyez réaliste, mais fixez-vous un objectif et écrivez-le.

C'est une étape importante de votre processus de perte de poids. Allez-y! Vous le pouvez!

Combien voulez-vous peser pour vous sentir bien et en bonne santé?

_____

Quelle taille de vêtements aimeriez-vous porter ?

_____

Quand voulez-vous atteindre vos objectifs?

_____

Comment vous récompenserez-vous quand vos objectifs seront atteints ?

_____

Combien de minutes par jour êtes-vous prêt à consacrer à l'activité physique pour y arriver?

_____

À combien de calories de moins par jour cet objectif correspond-il?

_____

Prenez une photo de vous en sous-vêtements pour constater vos progrès. Vous verrez, avec le temps, c'est extrêmement motivant. Ça peut même le devenir pour les autres. Lorsque je montre mes photos «avant et après», vous devriez voir la stupéfaction des gens. Beaucoup me disent que ça les motive à faire leur propre démarche de perte de poids.

6 Affichez vos objectifs et des aide-mémoire

Plus souvent vous verrez vos objectifs, plus ils vous stimuleront. Les afficher à des endroits «stratégiques» peut aussi vous éviter de succomber à la tentation.

Dans mon cas, j'avais affiché «Je pèse 72,5 kg (160 lb)» sur la porte du réfrigérateur et sur ma table de chevet. C'était la première chose que je voyais au lever, la dernière que je voyais au coucher, et quand j'avais envie d'ouvrir la porte du frigo ou de l'armoire juste à côté pour grignoter, il y avait toujours ce petit rappel de la promesse que je m'étais faite.

Je vous laisse le soin d'afficher autant de phrases que vous voulez et aux endroits appropriés. Si vous hésitez à le faire sous prétexte que c'est «niaiseux», ou encore que vous n'avez pas besoin de cela pour vous motiver, c'est que vous n'êtes pas prêt à vous impliquer à ce point.

> **En affichant vos objectifs, vous vous engagez vis-à-vis de vous-même et de vos proches. Bravo! Ça prend une bonne dose de courage pour le faire.**

Au-delà de votre objectif de perte de poids, vous pouvez afficher plusieurs autres objectifs sur lesquels vous voulez mettre l'accent – vos objectifs d'entraînement, un rappel pour manger plus de légumes ou ne pas manger entre les repas, etc. Les sujets à afficher ne manquent pas. Ils sont à votre discrétion.

Alors allez-y, tapissez vos murs de petites affiches qui feront bien rire vos invités, mais qui vous garderont motivé.

7 «Abattez» vos excuses

Maintenant que vous avez défini et affiché vos objectifs, il est temps de détruire vos excuses. Nous passons tous par des hauts et des bas. C'est inévitable. Lorsque nous sommes dans les «bas», notre esprit commence à flirter avec nos bonnes vieilles excuses et nous les ramène en plein visage.

Si, par exemple, ça fait quatre jours que l'aiguille de votre pèse-personne ne bouge pas et qu'en entrant dans un magasin à grande surface l'odeur des brioches à la cannelle vous monte au nez, il est possible que vos excuses viennent vous hanter.

Vous devez les identifier (voir la page 53) et les détruire. Comment faire, me direz-vous?

> Prenez conscience que vos excuses ne sont rien d'autre que ça, des excuses. Elles ne sont pas la réalité. En êtes-vous vraiment conscient? Avez-vous vraiment fait le deuil de vos excuses?
>
> Détruisez «symboliquement» vos excuses. Écrivez-les sur une feuille de papier. (Allez-y, je vous laisse le temps de le faire. Voilà, c'est fait?) Maintenant, détruisez la feuille de papier. Chiffonnez-la violemment et jetez-la au panier.

Les plus sceptiques diront que c'est insignifiant. Je sais. C'est pourtant une façon «imagée» et active de détruire une pensée. Et ça envoie un message très clair à votre subconscient!

Il n'est pas facile de changer nos pensées et de transformer notre mental. Si ça l'était, vous n'auriez pas acheté mon livre et ça ferait longtemps que vous auriez réglé votre problème de poids. Toutes les dépendances (le fait de trop manger en est une) sont des problèmes qui partent du mental. On peut s'en débarrasser avec des outils qui peuvent sembler non orthodoxes, mais qui fonctionnent.

J'ai longtemps jonglé avec les excuses: «Je n'aime pas la salade ni les légumes»; «Il y a beaucoup d'obésité dans ma famille»; «Je ne suis pas capable de maintenir un poids santé. J'ai souvent perdu plusieurs kilos, mais je les ai toujours repris.»

J'ai écrit ces excuses sur un papier et je l'ai détruit. Par le fait même, j'ai fait le deuil de ces excuses et ai pris conscience que c'était MOI qui étais la cause de mon obésité et que c'était MOI qui en étais la SOLUTION.

C'est la même chose pour vous.

> **Vos excuses ne sont que des distractions qui vous donnent l'illusion que ce n'est pas de votre faute. Je ne me gêne pas pour vous le dire: c'est de votre faute! N'est-ce pas une bonne nouvelle? Ça veut dire que vous avez entre vos mains le pouvoir de changer votre situation dès que vous en prendrez la décision!**

8 Changez vos habitudes, toutes vos habitudes

Pour obtenir votre nouvelle silhouette, vous devez inévitablement changer vos habitudes alimentaires et d'entraînement. Voici les changements que j'ai choisi de faire:

» Je bois un verre d'eau avant chaque repas.

» Au restaurant, je ne termine JAMAIS mon assiette.

» Au lieu de prendre un dessert riche et gras, je prends un fruit, sauf lors d'occasions spéciales.

» Je prends soin d'intégrer à chaque repas des aliments nourrissants qui contiennent des protéines et beaucoup de fibres pour éviter les fringales incontrôlables.

» Je fais 30 minutes d'exercice chaque jour.

» Lorsque je dors à l'hôtel, j'apporte toujours des vêtements d'entraînement.

Ce qui suit vous semblera encore plus farfelu. Pourtant, je vous jure que ça m'a aidé. Comme ces deux aspects de votre vie sont quand même importants, il se peut que ces changements d'habitudes bousculent d'autres habitudes de vie.

En tout cas, c'est ce que j'ai pensé. En décidant de faire 30 minutes d'exercice par jour, ç'a inévitablement changé mon agenda. Si je mange moins et que je choisis des aliments plus « santé », ça change mes habitudes lorsque je vais à l'épicerie. Je ne passe plus dans les mêmes allées qu'avant, etc.

Dans le but de véritablement faire comprendre à mon cerveau que j'avais décidé de changer mes habitudes, j'ai aussi changé plusieurs choses, dont certaines n'ont aucun rapport avec l'alimentation et la perte de poids. Ainsi, dès le matin, j'envoyais le signal à mon esprit que tout avait changé. Je vous avise à l'avance. Ce sont des choses banales, voire insignifiantes, mais elles m'ont aidé à changer.

» J'ai enfilé ma ceinture de pantalon de gauche à droite plutôt que de droite à gauche.
» J'ai fait la même chose pour mettre mes pantalons et mes souliers, le matin. J'ai commencé par la jambe droite au lieu de la jambe gauche.
» J'ai inversé ma manière d'applaudir, mettant la main droite dans la main gauche plutôt que l'inverse.
» J'ai commencé à éviter de passer devant les commerces spécialisés en beignes ou pâtisseries, et à l'épicerie, à bouder l'allée où l'on trouve les beignes, brioches, gâteaux, etc.
» Je me suis pesé chaque jour.

Aujourd'hui encore, j'ai conservé ces habitudes plutôt banales. Pour moi, elles sont une garantie que je ne retomberai pas dans mes travers.

Quelles habitudes de vie ou alimentaires néfastes voulez-vous changer ?

_____

_____

_____

Quelles sont les habitudes « banales » que vous pourriez changer pour vous aider à passer en mode Kilo Motivé ?

_____

_____

_____

9 Déterminez vos portions à l'avance

Déterminez toujours vos portions à l'avance et sortez de l'emballage uniquement ce que vous allez manger. Évidemment, vous aurez compris que l'objectif de cette pratique est d'éviter les vieux réflexes de manger plus qu'il ne le faut.

Par exemple, si, à la maison, la lasagne est au menu du jour, déterminez la portion que vous prendrez, mettez-la dans votre assiette et rangez le plat au frigo. Si vous êtes en famille, éloignez-le de vous. Si vous décidez de manger des croustilles en regardant la télévision et qu'elles sont incluses dans votre total de calories quotidien, il n'y a aucun problème. Par contre, ne mangez pas à même le sac. Mettez le nombre de croustilles voulu, placez-les dans un petit bol et refermez le sac.

Faites la même chose pour tout ce qui se trouve dans de gros emballages. Les biscuits, les chocolats, les noix et arachides, etc.

Avec le temps, vous briserez le réflexe de prendre deux ou trois assiettes ou de piger à même le sac jusqu'à ce qu'il soit vide. Gardez cette bonne habitude tout au long de votre vie.

10 Visualisez que c'est dégoûtant

Ce conseil vous semblera aussi farfelu, mais je l'ai essayé et ça fonctionne. Je vous explique d'abord les fondements de cette pratique.

Il y a plusieurs années, en famille, nous sommes allés manger du poulet frit dans un restaurant. Il était délicieux et nous nous sommes tous régalés. Cependant, dans la nuit suivante, j'ai été malade et le poulet frit est ressorti à la vitesse grand V. Je tiens à souligner que le poulet frit n'en était pas la cause. Les autres membres de ma famille n'ont eu aucun problème. J'ai tout simplement fait une indigestion, comme ça m'arrivait régulièrement à l'époque – je n'ai d'ailleurs jamais refait d'indigestion depuis que j'ai perdu du poids.

Revenons à mon conseil. Depuis que j'ai « renvoyé » ce poulet frit, je n'ai jamais été capable d'en remanger. Pourtant, j'adorais ce poulet.

Qu'est-il arrivé ? Mon esprit a associé le poulet frit et la nausée. Je suis certain que vous avez déjà vécu ça. J'ai donc décidé de me conditionner volontairement à être dégoûté par certains aliments que j'adorais, mais qui, je le savais, n'étaient pas bons pour ma ligne. J'y suis arrivé.

Mon meilleur exemple est celui de la crème 35 %. Chaque fois que je prenais du dessert (je suis une bibitte à sucre, vous vous souvenez ?), je l'arrosais de crème 35 %. Il y en avait toujours dans le frigo. C'était sur notre liste habituelle d'épicerie, comme le pain et le beurre d'arachide. Pensez-y, un tiers du poids de la crème est du gras pur !

Grâce à la visualisation, je me suis conditionné à trouver la crème 35 % tellement grasse qu'elle me tombait sur le cœur. Dans mon esprit, je voyais la crème couler dans mes artères et les bloquer. Après avoir fait cette visualisation à quatre ou cinq reprises, j'ai commencé à en être écœuré. Croyez-le ou non, je n'ai plus jamais arrosé mes desserts de crème. Encore aujourd'hui, je ne peux pas comprendre comment j'ai pu aimer ça.

J'ai fait la même chose avec le beurre. Avant, j'accompagnais toujours mes repas de pain et de beurre. Volontairement, j'ai commencé à trouver le pain beurré dégoûtant. Comme du pain sans beurre, ce n'est pas très bon, ç'a donc été facile de ne plus manger de pain avec mes repas. Encore aujourd'hui, mes proches vous le confirmeraient, je ne mange jamais de pain avec mon repas principal.

À vous de faire la même chose.

Quels sont les aliments que vous voudriez éliminer de votre alimentation, ceux qui sont les plus tentants pour vous, mais que vous savez ne pas être bons pour votre poids, ni votre santé? Vous avez trouvé? Alors, allez-y. Imaginez qu'ils vous dégoûtent.

Vous verrez, ça fonctionne.

11 Trouvez-vous un autre plaisir que celui de manger

Manger est l'un des doux plaisirs de la vie. Beaucoup de nos rites de vie se font en mangeant. On va prendre un bon repas en amoureux. On rencontre des clients au restaurant. On célèbre les anniversaires de naissance avec du gâteau. On reçoit nos enfants pour le souper. Toutes les fêtes annuelles se font autour d'un bon repas. Certains mangent aussi parce qu'ils n'ont rien d'autre à faire ou parce que c'est leur seul plaisir.

Oui, manger est un plaisir. Observez les succès remarquables, ces jours-ci, des livres de cuisine et des émissions télévisées qui traitent de recettes. Les obèses ne sont pas les seuls à associer « nourriture et plaisir ».

Si vous voulez que votre perte de poids soit durable, il va sans dire que vous devrez un peu bouder votre plaisir – sans bien sûr vous priver de tout pour le reste de vos jours. Je ne crois pas à cela. L'être humain a besoin de goûter les plaisirs de la table. Cependant, du moins durant votre période de perte de poids, votre plaisir de manger et de boire en abondance sera un peu diminué.

Je vous suggère donc de REMPLACER le plaisir de manger par un autre plaisir, voire une autre passion.

Honnêtement, dans mon cas, je n'ai pas eu à le faire. J'étais tellement « écœuré » de me voir gros que le plaisir de maigrir me comblait amplement. Peut-être êtes-vous comme moi ? Ça dépend des gens.

J'en connais qui ont troqué leur plaisir de manger et de boire du vin contre celui d'apprendre un instrument de musique. Pour d'autres, c'est l'entraînement qui est devenu leur nouveau plaisir. Je connais un homme qui s'est mis à la course à pied, puis qui a commencé à faire des marathons. Il en fait maintenant trois ou quatre par année. Il dit qu'il ne reprendra jamais de poids, qu'il a trop de plaisir à courir des marathons.

Certains ont pour nouveau plaisir la peinture, d'autres le bénévolat. La palette est large.

Quelle activité avez-vous toujours voulu faire ? Le moment est peut-être venu. Vous commencez à effectuer de gros changements dans vos habitudes, pourquoi ne pas en profiter pour vous inscrire à l'activité dont vous rêvez depuis si longtemps ?

Le plaisir de manger demeure. Il faut seulement le contrôler avec discipline. Donc, si vous croyez que la nourriture ou la boisson sont devenues des dépendances, pensez à changer de dépendance. Par contre, n'optez pas pour une dépendance aussi nocive...

Alors quelle est votre nouvelle passion?

---

12 Mettez vos vêtements trop petits bien en évidence

Si, comme moi, vous avez joué au yo-yo avec votre poids depuis des années, il est fort possible que votre garde-robe regorge de vêtements de toutes les grandeurs. Si oui, voici une excellente façon de vous garder motivé. S'ils sont démodés parce que vous maintenez votre surpoids depuis des lunes, je me permets une suggestion. Allez immédiatement vous acheter un vêtement qui ne vous fait pas. Croyez-moi, c'est un excellent investissement. De toute façon, vous allez en avoir besoin sous peu. Choisissez-le seulement une taille ou deux plus petit que ce que vous portez en ce moment.

Accrochez ce vêtement sur un cintre et laissez-le traîner dans votre chambre ou dans un endroit où vous le verrez souvent. Vous allez voir, l'effet est magique.

Je l'ai fait à plusieurs reprises et ç'a toujours été pour moi une grande source de motivation. J'imagine que l'effet est encore plus grand chez les femmes. En tout cas, ça fonctionne toujours pour ma femme.

Avant ma perte de poids, je portais des pantalons de taille 46. J'ai donc accroché un jeans de taille 42 dans ma chambre. Vous ne pouvez pas imaginer mon plaisir lorsque j'ai pu entrer dans ce jeans après trois mois et demi. WOW!

J'ai ensuite accroché un jeans de taille 38 et j'ai fini par entrer dedans. Enfin, j'en ai accroché un de taille 34 et j'ai réussi à entrer dedans. C'est ce que je porte encore aujourd'hui. Je suis passé de la taille 46 à 34 et j'en suis très fier.

13 Donnez vos vêtements trop grands

Parallèlement, vous devez vous débarrasser de tous vos vêtements devenus trop grands. C'est logique, vous n'en aurez plus JAMAIS besoin. Il ne faut surtout pas les garder «au cas où». Il n'y aura pas de «au cas où».

> **Cette fois, c'est la bonne! C'est bien ce que vous avez décidé, n'est-ce pas? Alors, pourquoi garder des vêtements qui ne vous serviront plus? Donnez-les.**

J'ai fait ce rituel à plusieurs reprises. À chaque changement de saison, je devais m'acheter de nouveaux vêtements (j'en ai fait rapetisser plusieurs aussi, au point de développer une relation d'amitié avec ma couturière). Pour faire de la place dans ma garde-robe et mes tiroirs, je sortais mes vêtements trop grands, les mettais dans des sacs-poubelles et j'allais les donner au centre de récupération de vêtements de ma région.

Au-delà du geste concret de vider la garde-robe, c'est aussi un geste symbolique puissant envoyé au mental. En se débarrassant de nos vêtements devenus trop grands, on leur dit: «Je suis convaincu que je n'aurai plus besoin de vous. C'est fini! Bye!»

Dans les faits, j'ai gardé un seul vêtement de cette époque révolue. Un complet beige. Je le conserve en commémoration de ce que j'ai accompli. Je le garde aussi pour me rappeler que jadis, j'entrais dans ce modèle «parachute».

Il a aussi servi pour des photos «avant et après» pour divers journaux et magazines. Vous le verrez d'ailleurs dans les photos de ce livre.

Chaque fois que je le vois ou que je le porte (pour des photos comparatives), je me dis intérieurement : « Plus jamais ! »

14 Pesez-vous régulièrement

Lorsque j'étais obèse, je fuyais le pèse-personne comme la peste. Je pouvais facilement passer deux ans sans me peser. Je ne voulais surtout pas affronter la réalité. Lorsque j'ai décidé de perdre du poids, il a bien fallu que je connaisse mon point de départ. Je suis donc monté sur le pèse-personne que nous avons à la maison. L'aiguille a oscillé jusqu'à atteindre 108 kg (239 lb). Ouch ! Lors d'un examen annuel chez le médecin, sa balance à lui est déjà montée jusqu'à 110 kg (242 lb). Ah, les balances des médecins, elles ne sont jamais correctes...

Quand j'ai commencé à perdre du poids, j'ai décidé de renouer avec le pèse-personne de la maison. Dès le départ, je me suis pesé chaque jour. Je sais que c'est déconseillé par les nutritionnistes, mais je l'ai quand même fait. Mon raisonnement était celui-ci. Lorsque je fuyais le pèse-personne, j'oubliais de faire attention à ce que je mangeais et ça ne m'a pas très bien servi. Je me suis dit qu'en faisant le contraire, c'est-à-dire en me pesant chaque jour, mon pèse-personne deviendrait comme une sorte d'ange gardien contre mes défaillances et un témoin privilégié de mes progrès. Je sais que la comparaison est boiteuse, mais on souffle bien dans l'alcootest chaque fois qu'on prend un verre et qu'on doit conduire, alors je ne voyais pas de problème à me peser quotidiennement.

Avez-vous remarqué à quel point nous avons une relation intime avec notre pèse-personne ? Voire très intime. Nous sommes toujours seuls avec lui, nus, ou presque. Nous lui parlons. Parfois, nous le haïssons. D'autres fois, nous l'adorons. Et nous ne divulguons jamais les détails de notre relation. Ils sont notre secret.

Je me suis donc pesé chaque jour pendant environ deux ans. Encore aujourd'hui, je me pèse environ une fois par semaine. Pas question que notre relation tombe dans l'oubli.

Vous voulez suivre la méthode Kilo Motivé? Pesez-vous chaque jour.

Comme je l'ai mentionné au début du livre, ne vous fiez pas aux fluctuations quotidiennes. Notre corps réagit drôlement à la fonte des cellules adipeuses. Des fois, vous aurez l'impression d'avoir perdu du poids et le pèse-personne affichera 1 kg (2 lb) de plus que la veille. Ne vous en faites pas. Poursuivez sans relâche. Un bon matin, il va afficher 2 kg (4 lb) de moins. Sans que je déroge à mon programme alimentaire et d'entraînement, mon pèse-personne a déjà été bloqué pendant quatre semaines. Je n'en revenais pas. Je croyais qu'il était brisé. Mais un matin, il a affiché 2,5 kg (5 lb) de moins. Ma femme a déjà vécu une période de «blocage de pèse-personne» qui s'est étirée sur six semaines. Ce n'est pas évident pour le moral, mais il faut avoir la foi.

Dans le fond, le même phénomène arrive aussi lorsqu'on engraisse. On fait des abus, on se pèse le lendemain et tout est correct. Alors on continue nos abus. Mais trois semaines plus tard, oups! On pèse 3 kg (7 lb) de plus. Là, on a une bonne discussion avec notre pèse-personne.

Tant que vous maintenez votre déficit calorique, votre corps maigrit sans cesse, même si le pèse-personne ne l'affiche pas immédiatement. Si ça vous arrive (et ça va vous arriver), ne vous découragez pas et continuez.

Fait à noter, avec les différents groupes que j'ai chapeautés dans le cadre du programme Défi Diète, j'ai remarqué que les hommes semblent maigrir de façon plus régulière. C'est-à-dire qu'ils perdent du poids de manière à peu près égale de semaine en semaine. Leur schéma de perte de poids suit une pente descendante régulière.

J'ignore si c'est une question d'hormones, mais les femmes ont plus tendance à perdre du poids «en plateaux». En bout de ligne, elles perdent aussi de 0,5 à 1 kg (1 à 2 lb) par semaine, mais leur schéma a souvent l'air d'un escalier, alors que celui des hommes ressemble plus à une pente de ski.

Il ne faut pas vous en faire, c'est normal.

15 Identifiez et mesurez vos progrès en tenant un journal

Voici une autre façon de vous motiver. Il suffit de mesurer vos progrès. Le pèse-personne affiche clairement votre perte de poids, mais il reste muet sur les changements corporels.

Si vous êtes un homme, votre ceinture va aussi vous motiver. Je me rappelle très bien les matins où je gagnais un trou de ceinture (c'est arrivé 12 fois). Dieu que ça me motivait. Je me rappelle avec beaucoup de plaisir le nombre de fois où j'ai dû percer des trous dans mes ceintures de cuir. Avec le temps – elles étaient tellement longues –, j'ai dû les changer, évidemment. Quels beaux souvenirs!

Pour mesurer vos progrès autrement qu'avec le pèse-personne, la meilleure façon demeure encore de prendre vos mensurations et de vous photographier sur une base régulière. (Ce que j'aurais dû faire plus souvent, d'ailleurs. Que voulez-vous, je ne savais pas que je deviendrais une référence en matière de perte de poids!) Lorsque vous effectuez ce suivi, prenez toutes vos mensurations et prenez une photo de vous en sous-vêtements, et ce, toujours au même endroit.

Il faudra quelques semaines avant que les changements opèrent, mais ils ne sauraient tarder à vous motiver. Dans la section «Votre coaching Kilo Motivé», j'ai prévu des pages «témoins» toutes les six semaines, sur lesquelles vous pouvez inscrire vos nouvelles mensurations.

De plus, grâce aux nouvelles technologies et aux gadgets informatiques, si vous vous prenez en photo toutes les deux semaines, vous aurez sûrement beaucoup de plaisir à faire un diaporama de votre métamorphose. Voilà une autre belle façon de vous motiver.

16 Identifiez votre mentor (votre modèle)

Tous les petits garçons ont rêvé de jouer au hockey dans la Ligue nationale. Moi, mon idole, c'était Guy Lafleur. Lorsqu'il comptait un but, les quelque 17 000 spectateurs du Forum de Montréal se levaient et scandaient : « Guy, Guy, Guy ». Je fermais les yeux et m'imaginais que c'était moi.

Les filles aussi ont leurs idoles. Pour certaines, ce fut Madonna, Julie Payette ou Céline Dion, et pour les plus jeunes, c'est peut-être Shakira ou Émilie Heymans.

Bref, nous aimons bien nous identifier à une vedette. On chante ses chansons, on danse comme elle, on fait les mêmes sports, on se coiffe et on s'habille de la même façon...

Je vous suggère maintenant de trouver votre « vedette » en matière de perte de poids réussie.

Quelqu'un qui a eu un parcours similaire au vôtre, qui a perdu du poids depuis plusieurs années et qui maintient toujours son poids depuis ce temps. Idéalement, ça devrait être quelqu'un que vous connaissez. Un proche, une amie, un voisin, un collègue de travail, une personne à laquelle il sera facile de vous identifier.

Si vous avez déjà suivi un régime quelconque, je suis presque certain que lorsque vous avez éprouvé du découragement, vous avez pensé à telle ou telle personne que vous connaissez qui a déjà suivi des régimes, mais qui ne réussit jamais à maigrir. À ce moment-là, intérieurement, vous

vous êtes dit : « Lui, il a essayé tellement de fois et il est encore gros. » Puis vous vous êtes conforté avec cette pensée et avez abandonné.

C'est pour éviter ce genre de rechute que vous devez vous trouver un « mentor à succès ». Quand vous aurez envie d'abandonner, vous n'aurez qu'à penser à cette personne et à vous dire : « Si elle a été capable de le faire, je le peux aussi. »

Mon mentor à moi, c'était (et c'est encore) mon beau-frère Marc. Marc a été obèse durant toute son enfance, son adolescence et lorsqu'il était un jeune adulte. À 27 ans, il pesait près de 136 kg (300 lb). Puis, il a décidé de se prendre en main en mangeant moins et mieux, et en s'entraînant. Il a perdu plus de 45 kg (100 lb). En 2005, lorsque j'ai pris ma décision, il avait 58 ans et maintenait toujours son poids santé. Aujourd'hui, il a 66 ans, maintient toujours son poids santé et fait plusieurs milliers de kilomètres à vélo chaque année.

Marc n'a jamais su qu'il était mon mentor. En fait, je lui ai dit quelques années plus tard. Ça l'a un peu surpris, mais il était fier d'avoir contribué, à sa façon, à régler mon problème de poids.

Alors, c'est à votre tour de vous trouver un mentor. Cherchez ! Je suis certain que vous connaissez une personne qui a réussi ce que vous voulez accomplir.

Vous n'êtes pas obligé de lui dire. D'ailleurs, c'est peut-être quelqu'un que vous connaissez seulement de loin. Ce n'est pas important. Ce qui l'est, c'est de vous servir de son succès comme d'un phare pour éclairer votre route lorsqu'elle sera sombre.

Qui est votre mentor ?

Combien de kilos (livres) a-t-il perdu?

_____

Depuis combien de temps?

_____

**C'est fait? Gardez cette personne dans vos pensées
chaque jour.**

**17 Trouvez-vous un partenaire (ou une âme sœur)
et demeurez en contact avec lui**

Dans le même ordre d'idées, vous avez aussi besoin de
quelqu'un qui vous accompagne au quotidien, d'un partenaire. Ça peut être votre mentor, mais c'est rarement le cas.

**Votre partenaire (ou âme sœur) est cette personne qui
a des objectifs similaires aux vôtres et qui peut vous
épauler lorsque vous n'aurez pas le goût de faire
des efforts.**

Ça peut-être votre conjoint, la voisine ou quelqu'un que
vous avez rencontré à la salle d'entraînement.

Dans mon cas, c'est ma femme qui s'est avérée la meilleure âme sœur qui soit. C'est d'ailleurs ma décision de
perdre du poids qui lui a donné l'envie de faire de même.
J'ai débuté tout seul et un mois plus tard (lorsqu'elle a vu
que cette fois, j'étais vraiment décidé), elle a emboîté le pas.
Par la suite, nous avons cheminé ensemble et avons perdu
0,5 kg (1 lb) par semaine. Elle a perdu 29 kg (65 lb), moi
36 kg (80 lb). Nous maintenons ce poids ensemble encore et
pour toujours.

Votre partenaire va inévitablement devenir une sorte de
« motivateur » à vos côtés. Faites un pacte ensemble. Si
vous n'avez pas le goût d'aller vous entraîner, il doit vous

appeler pour vous pousser dans le dos. Idem si c'est lui qui n'a pas le goût. Partagez vos succès et vos bonnes nouvelles. Je vous garantis que lorsque votre âme sœur perdra 1 kg (2 lb), ça vous motivera à continuer, et vice versa.

Vous trouver une âme sœur pour vous accompagner dans votre cheminement de perte de poids est un des ingrédients-clés de votre succès. Ne vous privez pas de cet atout incomparable. Pourquoi ne pas en avoir deux, ou encore cheminer en groupe? Trouvez la formule avec laquelle vous êtes le plus à l'aise.

18 Récompensez-vous

Peu importe le nombre de kilos que vous avez à perdre, vous devez célébrer vos succès.

Perdre 1 kg (2 lb), ça doit être une fête. Faites ce qu'il faut pour que ce soit le cas. Annoncez-le à vos proches. Faites-vous un thermomètre gradué et colorez-le chaque fois que vous perdez 5 kg (10 lb). Offrez-vous une récompense (pas un gros repas au restaurant, évidemment), comme une sortie spéciale avec votre conjoint, un nouveau vêtement ou une activité spéciale, par exemple. Peu importe, mais ne changez pas vos habitudes.

Je connais une personne qui avait 18 kg (40 lb) à perdre. Elle s'était fait la promesse que lorsqu'elle les aurait perdus, elle irait sauter en parachute. C'était un de ses rêves d'enfance, mais elle se trouvait trop grosse et avait peur de se blesser à l'atterrissage. En 2009, elle a atteint son objectif et est allée sauter en parachute. Pour elle, ce fut une expérience mémorable.

Vos récompenses peuvent aussi être banales. Ma conjointe et moi, lorsque certains de nos vêtements étaient devenus trop grands, faisions une sorte de rituel. Nous apportions un sac de plastique près de nos garde-robes respectives et nous faisions le «ménage» de ce qui ne nous faisait plus. En mettant lesdits vêtements dans le sac, nous chantions en chœur cet air connu : « Nous sommes heureux et nous débordons de joie, hi ha ! » en lançant les vêtements de style « parachute » dans le sac. Puis nous éclations de rire. Nous avons fait ce rituel à plusieurs reprises. C'était notre récompense pour les efforts déployés.

Ce que vous faites est tellement important pour le reste de votre vie que ça vaut vraiment la peine de célébrer. Alors, allez-y !

Voici quelques façons de vous récompenser, autrement qu'avec de la nourriture.

Pour vous, mesdames :
» offrez-vous une manucure ou une pédicure ;
» changez de tête ;
» achetez-vous des fleurs ;
» offrez-vous un nouveau vêtement ;
» offrez-vous un massage ;
» lisez un roman sans vous laisser interrompre ;
» allez voir un spectacle ;
» passez un week-end dans un spa ;
» permettez-vous une journée complète de congé uniquement pour vous adonner à votre passe-temps favori ;
» achetez-vous un gadget de cuisine.

Pour vous, messieurs :
» allez faire du karting (moi, ça faisait des années que je n'entrais plus dans le siège) ;
» achetez-vous un gadget électronique ;
» faites un saut en parachute ;
» louez une motomarine ;
» achetez-vous un nouvel outil ;

» offrez-vous une partie de golf dans un endroit exotique ou hors de l'ordinaire ;

» faites une descente de rafting entre amis ;

» allez jouer au billard avec des amis ;

» faites une sortie père-fils ou père-fille.

19 Découvrez vos aliments « coupe-faim »

Je ne veux pas me substituer à mes collègues nutritionnistes, mais je me permets quand même une petite suggestion. Même en ingérant beaucoup de fibres et en mangeant de manière équilibrée, il vous arrivera, surtout dans les premières semaines, de ressentir la faim, ou encore la « faim psychologique ».

Pour ma part, j'ai découvert des aliments « coupe-faim » et je m'assure encore aujourd'hui de toujours en avoir à portée de la main. N'oubliez pas, vous devez changer vos habitudes alimentaires, alors si vous ressentez la faim durant votre téléroman du mardi soir, il se peut que votre vieux réflexe revienne et que vous alliez vous chercher un biscuit ou un sac de croustilles. Comme vous ressentirez la faim à l'occasion, il vaut mieux vous préparer à cette éventualité.

En ce qui me concerne, je dois dire merci au yogourt faible en gras. Principalement celui aux framboises. En petite portion de 100 g, il ne contient que 35 Calories, il donne assez de « carburant » pour se rendre au prochain repas et est délicieux. J'avais aussi toujours une barre tendre faible en calories dans ma voiture. Souvent aussi, un simple verre d'eau fait l'affaire.

Quant à ma conjointe, lorsqu'une fringale la prenait, elle buvait un jus de tomates et croquait un petit morceau de fromage.

**Peu importe ce que vous choisirez comme aliment
«coupe-faim», il faut qu'il devienne votre allié
et que vous soyez préparé à en consommer
(avec modération, bien sûr) au besoin.**

Pour ceux qui, en lisant ces lignes, ont peur de souffrir de la faim en permanence en perdant du poids, rassurez-vous, ce n'est pas le cas. Cela arrive uniquement durant les trois ou quatre premières semaines. Après, le corps, et surtout l'esprit, s'habituent et n'envoient plus de signaux de faim imaginaires.

Mes proches pourraient vous le confirmer. Je n'ai plus besoin de manger en grande quantité pour assouvir ma faim. Je mange beaucoup moins qu'avant tout en mangeant à satiété, et en prime, je «goûte» pleinement la saveur des aliments. Ce qui n'était plus le cas auparavant, alors que je m'empiffrais sans les savourer pleinement.

Je n'ai plus besoin de me sentir «plein» pour m'arrêter de manger, mais plutôt satisfait.

20 Visualisez-vous à votre poids santé et faites de l'autosuggestion

Évidemment, j'ai gardé ce point-clé pour le dessert (excusez le jeu de mots, je vous agace). Si vous êtes le moindrement conscientisé par toutes les performances humaines, vous comprendrez que toute votre démarche «active» de perte de poids doit être accompagnée d'une démarche «psychologique» ou «émotionnelle», appelez-la comme vous voulez.

À l'instar de l'adolescente qui se visualise en grande chanteuse populaire ou de l'athlète qui s'imagine sur la plus haute marche du podium, vous devez être capable de vous visualiser à votre poids santé. Imaginez cette «image de vous» le plus souvent possible. Au réveil, au coucher, au volant, en vous entraînant, etc., ça doit devenir un réflexe pour vous.

Si vous avez déjà eu ce poids, c'est d'autant plus facile. Vous n'avez qu'à ressortir d'anciennes photos de vous et à les garder à portée de la main en tout temps. Pourquoi pas dans votre portefeuille, messieurs, ou votre sac à main, mesdames? L'objectif est de conditionner votre esprit et votre mental (c'est peut-être la même chose finalement) à se voir avec cette silhouette. «On perd nos kilos dans la tête avant de les perdre sur le pèse-personne.» Cette phrase est beaucoup plus qu'un slogan, c'est une vérité implacable.

Dans mon cas, ce fut très difficile à faire parce que je ne m'étais jamais vu à un poids santé depuis l'âge de huit ans. Imaginez le décalage dans ma tête. C'était carrément impossible de me voir mince. J'ai donc imaginé mon père (à qui, semble-t-il, je ressemble beaucoup) de son vivant. Il pesait 75 kg (165 lb). Je me suis vu avec sa silhouette.

Si, comme moi, vous ne vous êtes jamais vu mince à l'âge adulte, vous pouvez utiliser le même stratagème. Je connais beaucoup de gens, principalement des dames, qui ont découpé dans un magazine le corps qu'elles souhaitaient avoir (en demeurant réaliste quand même) et ont remplacé la tête de la personne par la leur. Simple, mais efficace.

Il y a une autre sorte de visualisation que j'ai faite après avoir compris qu'à partir du moment où l'on mange moins que le nombre de calories nécessaire, on brûle des calories. Lors de mes entraînements quotidiens, je n'écoutais jamais de musique comme le font la plupart des gens, je visualisais plutôt mes cellules adipeuses en train de fondre et de sortir de mon corps à chacune de mes respirations. Le gras sortait par les pores de ma peau, par ma transpiration, par ma respiration...

En parallèle, vous pourriez aussi visualiser comment vous prenez plaisir à manger des aliments santé et à découvrir de nouveaux mets. Vous pourriez imaginer la satisfaction ressentie lors d'un entraînement intense et vous visualiser en train d'améliorer vos performances physiques.

Dans le même ordre d'idées, si vous éprouvez des problèmes de santé, quels qu'ils soient, imaginez que votre médecin vous annonce que votre tension artérielle est revenue à la normale et que votre électrocardiogramme est excellent.

Vous pouvez visualiser tout ce que vous voulez, en retenant toujours que vous êtes en dehors ce que vous êtes en dedans!

Évidemment, vous devriez aussi faire de l'autosuggestion. C'est-à-dire vous répéter des phrases qui vous donnent de l'énergie et qui permettent à votre mental de garder le focus.

Par exemple :

» « Je suis Kilo Motivé et je sais que je vais réussir ! »
» « Je pèse x kilos et je suis en pleine santé ! »

Je vous suggère plusieurs phrases de motivation dans la section « Le coaching Kilo Motivé », ainsi que dans la section « Foire aux questions », à la page 142.

Les 20 points de la méthode « Kilo Motivé » sont simples à comprendre et faciles à appliquer. D'ailleurs, je vous réitère ma garantie de satisfaction. Si vous suivez ces conseils à la lettre, que vous mangez moins et mieux et que vous faites plus d'exercice, vous allez réussir. Je vous le garantis.

Évidemment, tous ces conseils « psychologiques et émotionnels » doivent être soutenus par de bons choix alimentaires (de nouvelles habitudes), en diminuant les quantités et en faisant plus d'exercice. Il est primordial que vous saisissiez que si vous appliquez mes 20 conseils en continuant à manger la même chose, vous ne maigrirez pas.

Dans ce livre, j'évite volontairement de vous donner des conseils sur l'alimentation et l'exercice. Je suis un motivateur, pas un nutritionniste ni un entraîneur. Cependant, je vous suggère fortement de consulter un ou des professionnels en nutrition et en entraînement. Ils pourront vous guider et vous aider à changer vos réflexes alimentaires et à les remplacer par des choix santé.

Foire aux questions

Dans les premières pages, je vous ai mentionné que j'ai écrit *Kilo Motivé,* entre autres, en réponse aux nombreux courriels que je recevais de personnes me demandant des conseils pour les aider à se motiver à perdre du poids.

Plusieurs de ces courriels comportaient aussi des questions. Par respect envers ceux qui prennent le temps de m'écrire, je réponds toujours à toutes les questions que l'on m'adresse. Voici des réponses à celles qui reviennent le plus fréquemment.

Que faire si je triche?

Cette question m'est souvent posée. Qu'est-ce que tricher? C'est bien personnel. Chacun de nous a sa propre définition. Si c'est déroger, pour un repas ou même une journée, à votre programme alimentaire, ce n'est pas grave. Ce n'est pas tricher, c'est la vie. On continue le lendemain et le tour est joué.

Il ne faut pas non plus être trop rigide lors des événements joyeux que la vie nous apporte.

Si, par exemple, c'est la fête de votre mère, que toute la famille y sera, qu'il y aura de succulents mets, du vin et le traditionnel gâteau de fête, allez-y, sucrez-vous le bec, mais avec modération.

Je l'ai fait à maintes reprises. Par contre – j'en ai parlé précédemment –, en compensant toujours le soir même ou le lendemain. Si vous avez la discipline de « compenser » vos quelques excès dans la journée, vous aurez moins l'impression de vous priver et vous continuerez votre programme sur une longue période de temps sans vous écœurer.

Que faire si j'ai faim ?

Vérifiez d'abord si votre alimentation est suffisante pour vous fournir toute l'énergie nécessaire à votre style de vie. Une femme de ménage dans un hôtel et un homme qui travaille dans la construction ont obligatoirement besoin de plus de calories qu'un commis de bureau qui est assis à longueur de journée.

Lorsque je perdais du poids, mon régime alimentaire était d'environ 500 Calories en deçà de mes besoins réels quotidiens. Pas plus. C'était mon objectif et ça fonctionnait très bien pour moi.

Rappelez-vous que le but n'est pas de vous affamer. Vérifiez avec votre médecin ou votre nutritionniste le nombre de calories que vous devriez ingérer.

Si vous avez faim malgré tout, voici quelques-uns des trucs qui ont fonctionné pour moi. 1. Boire de grands verres d'eau ; 2. Manger mon aliment coupe-faim ; 3. Manger plus de fibres ; 4. Demander conseil à ma nutritionniste.

Si vous manquez d'idées pour cuisiner, vous trouverez dans des livres comme *Kilo Cardio,* tomes 1 et 2 ou encore

Le programme Kilo Solution, des menus équilibrés conçus pour nourrir pleinement. Je ne compte plus le nombre de lecteurs qui m'écrivent pour me dire qu'ils ont perdu des dizaines de kilos grâce à ces menus, sans même ressentir la faim.

Un conseil, faites attention à la faim psychologique. Elle est imaginaire et insidieuse.

Que faire si je n'aime pas la bouffe de régime?
Comme je l'ai mentionné précédemment dans la section «Les excuses et les "parce que"», vous pouvez perdre tout le poids que vous avez à perdre même si vous n'aimez pas les légumes ou les autres aliments santé comme le tofu, les légumineuses, le poisson, etc. C'est le total de calories consommées à la fin de la journée qui compte, pas ce que vous mangez. Je vous suggère quand même de consommer les légumes que vous aimez et de les apprêter de façon à être capable de les manger.

Attention: Ce n'est pas parce qu'une alimentation vous fait perdre du poids qu'elle comble tous vos besoins alimentaires. Si vous ne mangez jamais de légumes ou de poisson, vous pourriez avoir des carences en certains éléments essentiels. Vérifiez auprès de votre nutritionniste ou de votre médecin.

MYTHES & CROYANCES

MANGER DES SUCRERIES FAIT SYSTÉMATIQUEMENT ENGRAISSER

Même s'il est vrai que les sucreries contiennent souvent plus de calories que les aliments non raffinés, il faut toutefois comprendre que ce ne sont pas les sucreries comme telles qui font engraisser, mais la quantité que vous mangez.

MYTHES & CROYANCES (suite)

À ce sujet, laissez-moi vous raconter une anecdote. Lors d'une conférence «Motivation Poids Santé», une participante a posé la question suivante à ma collègue Isabelle Huot : «Si je comprends bien, pour perdre du poids, ce n'est pas tellement ce que l'on mange qui est important, mais bien le total de calories quotidien que l'on mange. Donc, si pour perdre du poids, je dois consommer seulement 1500 Calories par jour, ça pourrait être 1500 Calories de biscuits au chocolat et je maigrirais quand même?» Isabelle a répondu : «Ce ne serait pas bon pour la santé parce que votre corps manquerait de beaucoup d'éléments nutritifs, mais OUI, vous maigririez!»

Si vous saisissez le message de cette anecdote, vous comprenez que vous pouvez perdre du poids même si vous n'aimez pas les légumes. Nous sommes tous d'accord que les légumes comptent parmi les meilleurs aliments, mais je m'adresse ici à ceux qui n'aiment pas les légumes (il y en a) et qui se servent de cette excuse pour justifier le fait qu'ils ne peuvent pas perdre de poids. C'est le total quotidien qui compte, rien d'autre. Le fait de manger des légumes permet de manger plus d'aliments parce qu'ils sont quasiment vides en calories, mais le fait de ne pas en manger ne vous empêchera pas de maigrir.

Que faire si je ne maigris pas?

C'est impossible! Si vous consommez moins de calories que ce qui est nécessaire pour maintenir votre poids, vous brûlez des réserves à chaque seconde.

Cependant, le corps est une machine complexe et même si vous brûlez vos réserves, il se peut que le pèse-personne boude un peu et ne le montre pas tout de suite.

Par exemple, si vous avez mangé des pâtes la veille, comme elles ont tendance à retenir l'eau, il se peut que votre balance affiche une prise de poids le lendemain matin, mais ce n'est que de l'eau. Vous allez l'évacuer dans les heures qui suivent.

Les femmes doivent aussi conjuguer avec leur système hormonal et leurs règles, des facteurs qui influencent l'eau qu'elles ont dans leur corps, et donc le poids affiché.

Continuez votre programme, tout va s'équilibrer avec le temps.

Que faire si je suis découragé ?

Vous êtes un être humain, c'est normal que ça arrive occasionnellement. Tout d'abord, il faut mettre toutes les chances de votre côté pour éviter les éléments «démotivants».

Dormez-vous suffisamment ? Un sommeil insuffisant peut même décourager les plus motivés d'entre nous. Assurez-vous de bien dormir. Si c'est le cas, voici mes conseils :

» revoyez vos objectifs et visualisez que vous allez les atteindre ;

» regardez le chemin parcouru jusqu'à maintenant (poids perdu, mensurations réduites, performances à l'entraînement améliorées, etc.) et soyez-en fier ;

» appelez votre partenaire (ou votre âme sœur) et partagez votre état d'esprit. Surtout, ne gardez pas cela pour vous seul ;

» allez faire une marche ;

» allez magasiner des vêtements ;

» regardez des photos de vous. Avec ou sans poids en trop, vous regarder vous motivera.

Le découragement n'est jamais permanent. C'est pourquoi il ne faut pas qu'il devienne votre maître à penser. Montrez-lui qui est le «boss»!

Que faire si mes proches me découragent?

Il est effectivement possible que certaines personnes, ou même des membres de votre famille, vous découragent. Encore plus s'ils font également de l'embonpoint. Si c'est le cas, attendez-vous à recevoir d'eux toutes sortes de commentaires en commençant votre programme Kilo Motivé. C'est comme si un membre de la « gang » voulait déserter le groupe. C'est normal qu'il y ait de la résistance.

Par exemple, au début, ils penseront que c'est seulement un ixième régime de plus que vous suivez, et vous percevrez donc des doutes et du scepticisme de leur part. N'y faites pas attention, continuez.

Lorsque les résultats commenceront à paraître, il y aura peut-être certaines tentatives de « torpillage psychologique » et on essaiera de vous décourager. Par exemple, on vous dira que vous avez les joues creuses, que vous avez l'air blême, que ça doit vous coûter cher de vêtements, que c'est bien beau de maigrir mais que c'est maintenir son poids qui n'est pas facile, qu'on ne vous reconnaît plus, que ça vous vieillit, qu'on vous aimait mieux avant, etc. Je les ai tous entendus, ces commentaires.

Viendra ensuite l'indifférence. On vous laissera de côté, de façon à vous montrer que vous ne faites pas partie de la « gang ». Vous aurez peut-être tendance à douter.

Ne lâchez pas.
Restez motivé, la situation va se calmer.

Si vous vivez une telle situation, voici mes conseils:
» prenez une décision finale quant à votre perte de poids et continuez sans relâche;
» annoncez à vos proches que vous allez perdre votre poids en trop;
» isolez-vous mentalement des commentaires négatifs qui viendront à l'occasion;

» ne parlez jamais de votre défi;

» ne vous vantez jamais des résultats obtenus;

» ne soyez pas moralisateur;

» résistez à la tentation de demander à vos proches de perdre du poids eux aussi (c'est leur décision, pas la vôtre);

» n'abandonnez jamais.

Un jour ou l'autre, vous gagnerez le respect de vos proches (en même temps que le vôtre) et ils seront heureux ou motivés par votre accomplissement. Vous deviendrez soit leur modèle et ils se mettront à la tâche, soit leur confident et ils viendront vous parler de leur désarroi en vous disant que vous êtes capable, mais pas eux!

Dans le fond, ils sont jaloux de vous, car ils aimeraient vraiment être à votre place. Continuez sans relâche.

Que faire si je suis le seul de la famille à devoir ou à vouloir perdre du poids?

Cette question m'est souvent posée, et c'était mon cas, au début. C'est vrai, ça augmente un peu la difficulté parce qu'il y a autour de vous des gens qui peuvent manger plus que vous.

N'oubliez pas que si vous avez du poids à perdre et que les autres membres de la famille n'en ont pas, c'est probablement que vous avez mangé plus qu'eux pendant une longue période de temps. C'est donc un juste retour des choses. Vous devez payer votre dette alimentaire si vous voulez retrouver votre équilibre. Ça, c'est pour le côté «psychologique» de la situation.

Pour ce qui est du côté pratique:

1. Je vous suggère de vous faire un petit coin bien à vous dans le réfrigérateur, ainsi que sur une tablette dans le garde-manger. Déposez-y vos aliments et avisez les membres de votre famille que c'est «votre secteur alimentaire » et que c'est « pas touche ». C'est comme votre petit refuge, votre petit coffre-fort. En faisant cela, vous isolez concrètement vos aliments santé de ceux des autres. Croyez-moi, ça vous aidera aussi à vous isoler « mentalement ».

2. Sortez sur la table uniquement les aliments et les portions que vous allez consommer. Ça vous évitera de retomber dans vos anciens réflexes. Par exemple, si au déjeuner vous mangez un bol de céréales et un peu de yogourt, versez vos céréales dans votre bol et rangez la boîte. Faites la même chose avec le yogourt. Mettez la quantité désirée dans une coupe et rangez le contenant au frigo. Procédez ainsi pour tous les aliments.

3. Je vous suggère de manger un peu avant les autres. Par exemple, si vous avez l'habitude de souper à 18 h, alors commencez à 17 h 45. Ainsi, lorsque les autres se présenteront à table, vous aurez atteint un niveau de satiété qui vous aidera à résister à la tentation de trop manger.

Que faire si j'ai joué au yo-yo toute ma vie ?

C'était mon cas. On joue au yo-yo parce qu'on travaille sur le court terme plutôt que sur le long terme. On veut régler notre problème de poids rapidement. On opte donc pour des régimes draconiens qui nous demandent beaucoup de privations. Évidemment, on ne se voit pas soutenir ce rythme longtemps. Alors, aussitôt qu'on a fini de perdre notre poids (parfois même avant), on retombe dans nos vieilles habitudes et le cercle vicieux recommence.

On joue au yo-yo avec son poids lorsqu'on n'a pas décidé de faire attention à ce qu'on mange pour le reste de ses jours.

La motivation est suffisante pour qu'on se « prive » quelques mois, mais pas assez pour nous permettre de changer à long terme. Cette fois-ci, ça ne vous arrivera pas.

Que faire si j'ai repris un peu de poids?

C'est malheureux parce que vous devrez refaire le chemin que vous avez déjà parcouru. C'est comme gravir une montagne pour aller chercher le drapeau qui est au sommet et, par épuisement, s'arrêter en chemin pour redescendre un peu. Tôt ou tard, si vous tenez vraiment au drapeau, vous serez obligé de remonter.

Peu importe. Ça ne donne rien de culpabiliser, mais il est probablement le temps de faire une mise au point.

Vous savez maintenant ce que vous devez faire pour reprendre votre motivation en main. Relisez les pages de la section « Les excuses et les "parce que" » (page 39), découvrez la vôtre, détruisez-la, redéfinissez les raisons pour lesquelles vous voulez perdre du poids et recommencez.

Cette fois-ci, c'est la bonne.

Que faire pour limiter les dégâts au resto?

La vie est remplie d'occasions d'aller au restaurant. Pour une fête, une rencontre, une sortie ou encore pour le travail. Vous n'êtes pas seul, beaucoup de gens doivent absolument y aller à cause de leur travail. C'est mon cas. Le secret est toujours le même.

Il faut être suffisamment Kilo Motivé pour avoir la discipline de faire les bons choix alimentaires et faire preuve de tempérance.

Voici quelques trucs qui ont fonctionné pour moi :

» Évitez le resto lorsque vous le pouvez. Au travail, apportez-vous un lunch que vous avez préparé vous-même. Quand on prépare soi-même sa nourriture, on sait exactement ce qu'il y a dedans.

» Évitez la bière ou les apéros avant le repas. Ce sont des calories liquides qui ne nourrissent pas.

» Choisissez des repas santé.

» Commandez une soupe (à base de bouillon, pas de crème). Ça va vous remplir l'estomac avant le repas principal.

» Évitez de consommer du pain et du beurre.

» Si vous prenez une salade, évitez les croûtons et la vinaigrette (ou ajoutez-les parcimonieusement).

» Au repas principal, laissez des restes. Les assiettes des restaurants sont toujours trop remplies.

» Évitez les desserts.

Si vous êtes vraiment motivé à perdre votre poids, ces quelques conseils, votre discipline et ces nouvelles habitudes vous permettront d'aller au restaurant pour le travail, et même pour le plaisir, en bonne compagnie. Bon appétit !

Que faire si je pars en voyage ?

Les voyages nous permettent d'explorer ou de nous reposer. Ils sont aussi l'occasion de manger abondamment et de faire des découvertes culinaires qu'on ne veut pas rater. Là encore, c'est une question de discipline. Il faut savoir compenser les excès par des repas légers.

Cependant, les voyages comprennent aussi souvent la visite de lieux qui demande de marcher longtemps, de monter des escaliers, de gravir des montagnes, etc. Les voyages sont donc une excellente raison pour perdre du poids et se mettre en forme ! Tout est dans votre perception et votre niveau de motivation.

Ma conjointe et moi, lorsque nous allons dans des «tout inclus» dans le Sud, nous planifions en avance. Nous perdons 1 à 1,5 kg (2 à 3 lb) avant notre départ. Comme cela, à notre retour, nous revenons avec le même poids qu'avant.

Eh oui, nous avons cette discipline. Nous sommes très Kilo Motivés.

Que faire si, malgré tout ça, ma motivation flanche?

Des questions à vous poser
Lorsque les doutes viendront vous hanter, je vous invite à vous poser ou à vous reposer les questions suivantes:

» Quelles sont mes priorités? Est-ce que j'agis en conséquence?

» Qu'est-ce que je risque si je ne change pas?

» Qu'est-ce qui m'empêche réellement de perdre du poids?

» Comment puis-je surmonter les obstacles qui se dressent devant moi?

» Qu'est-ce que je m'engage à faire pour y arriver?

» Si j'ai pu perdre quelques kilos jusqu'à maintenant, pourquoi ne serais-je pas capable d'en perdre encore plus?

» Si des gens que je connais ont réussi à perdre du poids et à maintenir un poids santé, pourquoi ne serais-je pas capable de le faire?

» Quelles sont mes excuses? Est-ce que ce sont de bonnes excuses?

Quelles sont vos propres questions? Je vous invite à inscrire toutes celles qui vous hantent et à y répondre franchement retrouver le courage de continuer.

Es-ce que les antidepresseu peuvent m'empécher de perdu du pord.

Des phrases pour vous motiver

Voici quelques phrases qui m'ont inspiré. Gardez-les en tête et répétez-les comme des mantras pour vous guider.

» Si j'y suis arrivé pendant une journée, je peux le faire toute l'année.

» Je peux le faire. J'y crois. Je suis capable.

» Je maigris à chaque seconde.

» Chacune de mes expirations élimine mes graisses.

» Chaque goutte de sueur me rapproche de mon objectif.

» Je sais que cette fois, c'est la bonne.

» Je vais prouver aux autres et à moi-même que j'en suis capable.

» Je ne me laisserai pas tenter.

» Je contrôle totalement mon appétit.

» C'est moi qui décide de ma vie. Finis, les régimes yo-yo.

» Je n'ai pas perdu de poids cette semaine, mais je sais que j'ai fait ce qu'il faut et j'ai confiance.

» Je m'aime.

» Je vais rendre mes enfants ou mes proches fiers de moi.

» Je crois en moi-même. Je sais que je vais réussir.

» Je me sens de moins en moins comme une personne «différente» à cause de mon surpoids.

» Je recommence à me regarder nu dans le miroir sans gêne.

» Mon partenaire est impressionné par ma ténacité.

» Mon appétit sexuel revient. Je me sens plus désirable.

» Je contrôle mes compulsions alimentaires.

» Je me sens de plus en plus à l'aise avec mon nouveau mode de vie.

» Ma physionomie change et j'aime ça.

» Je suis fier de moi.

» On me fait de plus en plus de compliments.

» Je suis maintenant très à l'aise de m'abstenir de manger.

» Je prends maintenant plaisir à m'entraîner.

» Je me trouve beau.

» Ma démarche est plus «légère» et plus rapide.

» Jamais je ne reprendrai de poids.

» J'ai le sourire qu'apporte la satisfaction du travail accompli.

» Ma confiance en moi est à son meilleur.

» C'est le plus grand accomplissement de ma vie.

Quelles sont vos propres phrases?

J'ai confiance en moi!

J'ai hâte de retrouver ma shape!!!

one day at the time!

Des défis à vous lancer

Cette semaine...

» je goûte un nouvel aliment santé.

» je lis un nouveau livre sur la bonne alimentation.

» je nage, à la piscine, plutôt que de me laisser flotter.

» j'augmente la cadence d'un de mes entraînements.

» je diminue de moitié la vinaigrette sur ma salade.

» j'écris comment je me sens depuis le début de mon programme Kilo Motivé.

» je remplace les croustilles par du maïs soufflé sans beurre ou des bretzels.

» j'augmente la cadence de mes pas au quotidien.

» je ne mange pas de dessert.

» je diminue le nombre de verres de vin que je bois.

» je remplace mon bagel par un muffin anglais.

» je prends une nouvelle photo de moi et je la compare avec une ancienne photo.

» je mets plus de légumes et moins de pâtes dans mon assiette.

» je fais la liste des nouvelles habitudes de vie que j'ai adoptées.

» je remplace la moitié d'huile requise dans ma recette de muffin par de la compote de pommes non sucrée.

» je remplace la crème sure dans mes trempettes par du yogourt nature épais.

» je ne bois pas de bière.

» j'écris trois nouvelles raisons pour lesquelles je continue mon programme Kilo Motivé.

» je marche la tête haute, car j'ai confiance en moi.

» je remplace les boissons gazeuses par de l'eau pétillante.

» je fais quelque chose qui m'a toujours fait peur.

» je sors marcher tous les jours pendant mes heures de dîner.

» je bouge lorsque je parle au téléphone.

» je remplace une heure de télévision par une activité
physique.

» je reste debout dans les transports en commun.

» je vais travailler à vélo ou à la marche.

» j'évite les restos et je cuisine mes propres repas santé. *yes!*

» je remplace la crème par du lait dans mon café, et je n'y
mets pas de sucre.

Quels sont vos propres défis?

_____

_____

_____

_____

Des anecdotes qui font du bien

Parfois, les histoires les plus banales peuvent venir nous faire
un «p'tit velours» et nous récompenser pour nos efforts.
Depuis les sept dernières années, ma conjointe et moi avons
vécu à plusieurs reprises des petits bonheurs comme ceux
que je vous présente ici, qu'il fait bon se remémorer à l'occasion. Peut-être vous feront-ils du bien à vous aussi...

» Dans le passé, chaque fois que j'allais dans un magasin
pour m'acheter un habit, le vendeur «scannait» ma
silhouette du regard et me dirigeait vers les vêtements
pour poids lourds. Je garde un excellent souvenir de la
première fois qu'un vendeur, après avoir regardé ma
silhouette, a dit: «Vous prenez des vestons de taille 40?»
Quelle satisfaction!

» Un jour, alors que j'allais m'asseoir sur mon siège dans un avion, j'y ai trouvé une extension de ceinture laissée par le passager précédent. Lorsque je l'ai remise à l'agente de bord, elle m'a dit : « Vous n'avez pas besoin de ça, vous ! » « Plus maintenant, madame », me suis-je dit intérieurement.

» Lors d'un voyage, ma conjointe et moi étions installés, avec une douzaine d'autres personnes, dans une barque pour aller visiter des îles pittoresques. Pour équilibrer le poids, le capitaine a demandé à deux personnes obèses de débarquer pour prendre la barque suivante. Nous, nous étions corrects.

» Dans ce même voyage, un couple vraiment obèse a dû renoncer à faire de la plongée en apnée parce que les vestes de flottaison n'étaient pas assez grandes. Les nôtres nous faisaient très bien !

» Encore aujourd'hui, lorsque des gens curieux veulent voir ce dont j'avais l'air avant, je leur montre des photos comparatives en regardant leur air stupéfait avec beaucoup de satisfaction.

Peu importe le nombre de kilos (livres) que vous perdrez, je vous garantis que vous vivrez des situations de ce genre et que vous prendrez beaucoup de plaisir à vous les remémorer.

Avez-vous déjà vécu des situations de ce genre ?

_____

_____

_____

_____

_____

_____

_____

Venez raconter vos anecdotes et vos bons coups sur notre page Facebook. facebook.com/KiloMotive

Vous voulez des outils supplémentaires
pour rester Kilo-Motivé ?

Consultez la page Web du livre au
www.editions-homme.com ou envoyez un courriel
sans objet à Kilomotive@formax.qc.ca

Le coaching Kilo Motivé

Bienvenue dans la section coaching de *Kilo Motivé*. Si vous vous êtes rendu jusqu'ici dans ce livre, c'est que vous êtes prêt à régler votre problème de poids une fois pour toutes. Je sais, vous avez des doutes. Vous vous dites : « C'est bien beau tous ces conseils, mais est-ce que je vais avoir le courage de le faire ? J'ai tendance à toujours me décourager et à abandonner. Est-ce que ce sera la même chose cette fois-ci ? »

Ces questions sont normales et vous avez raison, rien n'est garanti. Mais si vous ne commencez pas maintenant, quand le ferez-vous ? Ça fait longtemps que vous voulez le perdre, ce « maudit » poids qui vous pourrit l'existence, alors pourquoi pas maintenant ?

Kilo Motivé vous a permis de faire le point sur vos excuses et sur les véritables raisons de votre surpoids. Le coaching Kilo Motivé est un nouvel outil que vous n'aviez pas dans le passé.

Je vous accompagnerai tout au long des pages qui suivent pour vous aider à perdre votre surpoids une fois pour toutes.

**Si vous vous y mettez, JAMAIS vous ne regretterez
votre décision. Je vous le jure.**

Quand?

La prochaine étape, c'est de répondre à la question:
«QUAND vais-je commencer?» Le fameux QUAND!
Vous vous êtes probablement souvent posé la question. Au
début de chaque année, vous avez eu envie de commencer.
Chaque printemps, quand vient le temps de sortir les vêtements d'été et le maillot de bain, vous avez eu envie de
commencer. Lors de chaque événement spécial dans votre
vie vous avez eu envie de commencer, mais vous attendez
encore. Vous attendez quoi, finalement? Que les kilos dis-
paraissent tout seuls, sans efforts? Ça n'arrivera pas.

Alors pourquoi ne pas débuter tout de suite? Oui, oui,
tout de suite. Vous avez plus de raisons de débuter maintenant que de raisons d'attendre. Par expérience, je vous
affirme que si j'avais su que c'était si facile à faire et qu'il y
avait autant d'avantages à le faire, je vous jure que je me
serais décidé avant l'âge de 46 ans. Je n'ai donc pas de
morale à vous faire, mais je vous repose quand même la
question: qu'attendez-vous? Si vous voulez encore attendre
et continuer de penser qu'un jour, par magie, votre motivation va tripler, oubliez votre objectif de perdre du poids.

Go!

Si vous avez rempli et signé l'engagement Kilo Motivé,
BRAVO! Dans un premier temps, je vais vous inviter à
faire votre portrait de départ. Je vous donne comme
exemple celui qui était mien en 2005.

Inscrivez votre poids de départ, vos mensurations, vos
motivations, vos objectifs,et plus encore. Selon votre condi-
tion personnelle, décidez du nombre de calories que vous

devrez consommer quotidiennement et notez ce nombre dans votre portrait de départ. Planifiez votre programme alimentaire avec le professionnel de votre choix, ainsi que votre programme d'exercice. Et c'est un GO!

Dans ce coaching Kilo Motivé, je vais vous accompagner durant 6 mois (26 semaines). Même si vous avez peu de poids à perdre et que vous atteignez votre poids santé en quatre mois, je vous invite quand même à poursuivre votre coaching Kilo Motivé et à en remplir les sections quotidiennement. N'oubliez pas, en perdant votre poids, vous avez gagné une bataille, mais pas la guerre.

Pour maintenir votre poids santé, il faut garder votre discipline, même si vous pouvez augmenter votre consommation calorique au niveau «maintien».

Remplissez la section «Votre coaching Kilo Motivé» quotidiennement et suivez votre progression. Chaque semaine, je vous accompagnerai avec un conseil ou une phrase de motivation. Bon succès!

Pourquoi faire ce coaching?

Il y a plusieurs raisons de suivre ce coaching de façon assidue, mais la plus pertinente, selon moi, c'est qu'il permet de ne pas être seul. Quoi de plus réconfortant que de retrouver quelqu'un, en l'occurrence moi, qui est là, chaque semaine, pour s'informer de votre état d'esprit, vous poser des questions que seul un coach peut vous poser et vous motiver à poursuivre jusqu'au bout? C'est le rôle que je me suis donné.

Le coaching Kilo Motivé vous apportera aussi plusieurs avantages non négligeables, tels que:

» vous motiver à passer à l'action quotidiennement;
» vous motiver à maintenir vos nouvelles habitudes;
» vous permettre de suivre et de voir vos progrès;
» vous inciter à noter votre niveau de motivation chaque semaine;
» vous aider à comprendre vos états d'âme;
» vous aider à observer vos accomplissements;
» vous laisser un souvenir de votre périple;
» vous permettre de lire des témoignages motivants de gens qui ont réussi.

Même si remplir cette section du livre de façon quotidienne demande quelques efforts, je vous certifie qu'elle deviendra votre meilleure amie lorsque vous aurez besoin de motivation. Quel plaisir vous aurez à regarder les pages des semaines précédentes et à voir le chemin que vous aurez parcouru!

Que vous les gardiez uniquement pour vous ou que vous les partagiez avec vos proches, les notes que vous y prendrez deviendront votre miroir. Ce coaching reflétera vos pensées, vos actions, vos réalisations et sera le témoin de vos victoires. Ne le négligez pas et il vous le rendra.

À ceux qui pensent que c'est «inutile» et qui se disent «qu'ils n'ont pas besoin de ça»: à ce que je sache, vous n'y êtes pas encore arrivés seuls... alors pourquoi refuser cette chance de réussir en faisant les choses autrement et en acceptant de vous laisser guider? Je vous certifie que lorsque vous aurez de petits relâchements de motivation, vous serez très heureux de vous motiver en retournant voir le chemin que vous avez parcouru. Au final, vous prendrez plaisir à vous sentir accompagné et vous réaliserez que ce coaching vous aide à garder le «focus» sur votre objectif santé. Je vous le garantis, vous serez très fier de vous.

Identifier et comprendre votre niveau de motivation

Je vous inviterai chaque semaine à « noter » votre niveau de motivation. Je vous suggère même des phrases pour l'identifier. Par exemple :

Niveau 0 : « Je veux tout arrêter. »
Niveau 1 : « Je sens que je vais flancher. »
Niveau 2 : « Ce n'est pas une bonne semaine. »
Niveau 3 : « J'ai des doutes, mais je garde espoir. »
Niveau 4 : « Je sais que je peux y arriver. »
Niveau 5 : « Je peux tout accomplir. »

Il est important d'identifier par écrit votre état d'esprit de façon régulière, afin de mieux « comprendre » comment fonctionne votre motivation intérieure.

Votre motivation n'est jamais égale.
Elle varie selon plusieurs facteurs extérieurs.

La fatigue, le stress au travail, le cycle menstruel (pour vous, mesdames), les influences des gens qui vous entourent, etc. Tout cela a une influence sur vos pensées et, par le fait même, sur votre motivation. Une simple publicité à la télé d'un mets que vous adorez peut vous faire basculer.

L'objectif est que vous en veniez à identifier pourquoi votre niveau de motivation a diminué ou augmenté.

Par exemple : au travail, les fins de mois sont toujours surchargées, et cela coïncide avec le fait que votre motivation a diminué. Ou vous avez rencontré votre belle-sœur le week-end dernier et vous vous rendez compte que le lundi suivant votre motivation a baissé. Ou encore, la semaine dernière, comme votre partenaire d'entraînement a eu un empêchement, vous vous êtes entraîné seul et votre niveau de motivation a baissé.

Dans les trois cas, vous avez compris que ces situations extérieures à vous (la surcharge de travail, les commentaires de la belle-sœur et le fait de s'entraîner seul) ont eu un impact négatif sur votre niveau de motivation.

Vous venez de comprendre POURQUOI vous êtes moins motivé et pouvez maintenant réagir en conséquence. Lorsque ces situations hors de votre contrôle arrivent, vous devez vous dire :

» « Je sais que les fins de mois au travail me fatiguent physiquement et affectent ma motivation. Je garde le focus sur ma perte de poids et je ne m'en fais pas. »

» « Je comprends que ma belle-sœur a une influence négative sur moi. J'espace mes rencontres avec elle et je me blinde l'esprit lorsque je la rencontre. »

» « La solitude a un effet négatif sur moi. Je me trouve un deuxième partenaire d'entraînement. »

En inscrivant votre niveau de motivation, vous comprendrez mieux les fluctuations de votre motivation et vous apprendrez à les « contrôler ».

Le même phénomène se produira du côté positif. Vous découvrirez ce qui vous motive et serez tenté de reproduire ces situations le plus souvent possible.

> N'oubliez pas : votre motivation provient de vos dialogues intérieurs. Si vous les comprenez, vous les contrôlerez mieux.

Bonne motivation !

Les mantras et les défis de la semaine

Chaque semaine, je vous propose une phrase qui devra vous revenir en tête chaque fois que le doute vous envahit. Répétez cette phrase intérieurement aussi souvent que vous le souhaitez pour qu'elle devienne un véritable mantra hebdomadaire. Elle renforcera votre motivation et votre discipline. Avec le temps, même après votre perte de poids, votre «mantra» deviendra une sorte de réflexe mental ou d'ange gardien qui veillera en permanence sur votre motivation.

De plus, chaque semaine, je vous inviterai à relever un nouveau défi, mais vous pourrez aussi imaginer le vôtre. Je vous en suggère d'ailleurs plusieurs autres à la page 144. Le but est toujours le même: vous garder continuellement «motivé». L'esprit humain a tendance à oublier. Votre objectif final, comme par exemple celui de perdre 17 kg (40 lb), peut facilement être perdu de vue tellement il est loin. Vous devez l'appuyer de petits objectifs intermédiaires pour garder «la flamme de votre motivation allumée». Le défi de la semaine, c'est la petite étincelle qui vous fait faire une semaine de plus.

La fréquence de vos entraînements
Que vous choisissiez de vous entraîner dans un centre, chez vous ou à l'extérieur, ce n'est pas ça qui est important. Ce qui compte, comme le mentionne souvent ma collègue Josée Lavigueur, c'est plutôt que vous ayez du plaisir à le faire.

Je vous suggère donc de trouver LE type d'entraînement qui vous convient et que vous aurez du plaisir à faire jour après jour. Il peut varier selon les saisons, évidemment. Dans mon cas, c'est assurément le vélo et la marche (en forêt, en montagne, sur la plage, etc.). Et vous, quelles sont vos activités physiques favorites?

Peu importe celles que vous choisirez, faites attention à la fréquence, à l'intensité et à la durée de vos entraînements. Si vous ne vous entraînez pas assez, vous perdrez le focus. Je vous suggère de faire de l'activité physique chaque jour. À l'inverse, faire trop d'activité physique pourrait finir par vous fatiguer physiquement et mentalement et vous seriez tenté d'abandonner. Ajustez-vous!

Témoignages réels de personnes Kilo Motivées

Je vous écris pour vous remercier! Il y a huit mois, je me disais: «Il faudrait bien que je perde du poids. Il faudrait bien que je mange mieux.» Pour une fille de 27 ans comme moi, ce n'était pas normal de ne pas être capable de monter les escaliers sans être essoufflée après seulement 10 marches. À tous les jours, depuis deux mois, je disais «faudrait bien...», mais les «faudrait bien», vous connaissez ça! Ça ne sert à rien. Jusqu'au jour où j'ai commencé à faire de la visualisation. Je me voyais faire de l'exercice et manger mieux. Puis, j'ai fait le grand saut.

J'ai eu peur, je n'ai pas honte de l'avouer. Je me suis inscrite dans un centre d'entraînement. Dans la même journée, j'ai rencontré mon entraîneuse et également une nutritionniste. Ouf! Ça en faisait beaucoup! C'est à cette même période que j'ai découvert votre livre Kilo Cardio. *Je me suis dit, tant qu'à tout changer, je vais acheter le livre! J'ai commencé à faire les recettes à tous les jours et j'ai découvert le plaisir de bien manger. Tout ça en m'entraînant trois fois par semaine. Un gros changement pour moi. Depuis, j'ai fait toutes les recettes de* Kilo Cardio *trois fois et je continue toujours à m'entraîner trois fois par semaine, même parfois quatre ou cinq fois, car j'ai aussi découvert le plaisir de m'entraîner. En six mois, je suis passée de 73 kg (161 lb) à 63 kg (139 lb)! Une perte de 10 kg (22 lb)! Je suis si contente. Jamais je ne voudrais retourner à mes 73 kg (161 lb). Maintenant, je suis bien dans ma peau et je vous dis un gros merci!*

– Carole

Merci beaucoup pour votre récente conférence. Depuis, je perds environ 0,5 kg (1 lb) par semaine. Je trouve ça long par moments, mais c'est la première fois que je perds du poids sans avoir peur de le reprendre. J'ai perdu 9 kg (21 lb) depuis que j'ai assisté à votre conférence. Vous avez été pour moi une très grande source de motivation et je suis fière de moi. Merci beaucoup!

– Suzie

C'est maintenant le temps d'établir votre portrait de départ. Alors, on y va! À titre d'exemple, je vous présente à la page suivante mon propre portrait de départ. Puis, à la fin du coaching, vous trouverez mon portrait «final», qui est toujours le même depuis 2007.

Portrait de départ de Guy Bourgeois

Nom : _____ Guy Bourgeois _____

Date : _____ Septembre 2005 _____

Date de l'atteinte de mon objectif : _dans 18 mois (printemps 2007)_

Mon poids actuel : ___ 108 kg (239 lb) ___ Poids rêvé : 75 kg (165 lb)

Mes mensurations actuelles :

Taille _117 cm (46 po)_ Hanche ___?___ Cou _44 cm (17,5 po)_ Bras ___?___
Cuisse _71 cm (28 po)_ Poitrine _127 cm (50 po)_ Mollet ___?___

Mon IMC actuel : _____ 33 _____

IMC rêvé : _____ 23 _____

Taille de vêtements portée actuellement : _____ XX large _____

Taille de vêtements rêvée : _____ Medium _____

Nombre de calories consommées par jour

avant ma perte de poids : _____ 3000 _____

Nombre de calories à consommer par jour

pendant ma perte de poids : _____ 1850 _____

Durée et fréquence d'entraînement actuelles :
_____ 30 minutes 2 fois par semaine _____

Durée et fréquence d'entraînement à l'avenir :
_____ 30 minutes par jour _____

Mon modèle de réussite : _Mon beau-frère Marc, qui a perdu_
45 kg (100 lb) et qui maintient son poids depuis 40 ans

Mon partenaire de motivation :
_____ Ma conjointe Myriam _____

Mes trois motivations négatives :

- J'ai peur de faire un infarctus à 50 ans comme mon père.

- Je suis « écœuré » d'avoir mal au dos quand je suis longtemps debout.

- On m'a refusé une assurance-vie.

Mes trois motivations positives :

- Je veux vivre vieux et en bonne santé.

- Je veux continuer de voyager confortablement.

- Je veux être à l'aise dans mes mouvements.

Ce que j'ai décidé de changer pour atteindre mon objectif :

Je vais réduire mes calories à 1850 par jour. Je ne mangerai plus entre les repas. Je vais manger plus de fruits et légumes. Je vais faire deux heures d'activité physique par semaine. Je vais le faire une fois pour toutes et demeurer mince pour le reste de mes jours. Je le promets !

Mes récompenses une fois mon objectif atteint :

Me sentir bien dans ma peau. Régler mes problèmes de dos.

Faire plus de voyages. Être plus en forme.

Ne pas faire d'infarctus à 50 ans comme mon père.

Mon portrait de départ

Nom : _____

Date : _____

Date de l'atteinte de mon objectif : _____
(Soyez réaliste. Pensez en termes de 0,5 à 1 kg (1 à 2 lb) par semaine.)

Mon poids actuel : _____ Poids rêvé : _____

Mes mensurations actuelles :

Taille _____ Hanche _____ Cou _____ Bras _____

Cuisse _____ Poitrine _____ Mollet _____

Mon IMC actuel (voir page 23) : _____

IMC rêvé : _____

Taille de vêtements portée actuellement : _____

Taille de vêtements rêvée : _____

Nombre de calories consommées par jour
avant ma perte de poids (voir page 37) : _____

Nombre de calories à consommer par jour pendant ma perte
de poids : _____
*(Ce nombre doit être inférieur au nombre de calories nécessaire au
maintien de votre poids. Référez-vous à la page 22 et validez le tout avec
votre professionnel de la santé.)*

_____

Durée et fréquence d'entraînement actuelles :

_____

Durée et fréquence d'entraînement à l'avenir :

_____

Mon modèle de réussite (voir page 120) : _____

_____

Mon partenaire de motivation (voir page 122) :

_____

Mes trois motivations négatives (voir page 104) :

_____

_____

_____

_____

Mes trois motivations positives (voir page 105) :

_____

_____

_____

_____

Ce que j'ai décidé de changer pour atteindre mon objectif :

_____

_____

_____

_____

Mes récompenses une fois mon objectif atteint :

_____

_____

_____

_____

Vous savez maintenant où vous en êtes actuellement et où vous vous en allez. Bravo !

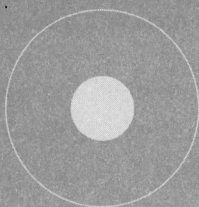

Votre coaching Kilo Motivé

Référez-vous aux annexes des pages 236 à 241 pour vous aider à calculer les calories consommées et dépensées.

Mon niveau de motivation :

Niveau (0) : « Je veux tout arrêter. »

Niveau (1) : « Je sens que je vais flancher. »

Niveau (2) : « Ce n'est pas une bonne semaine. »

Niveau (3) : « J'ai des doutes, mais je garde espoir. »

Niveau (4) : « Je sais que je peux y arriver. »

Niveau (5) : « Je peux tout accomplir. »

Semaine 1

Date : _____

Mon poids au début de la semaine : _____

Guy vous coache

Bon ! Alors, c'est parti ? Vous êtes bien décidé ? Bravo, je vous félicite, vous ne le regretterez pas et vous serez fier de vous. Je vous le garantis.

Vous êtes sûrement plein d'enthousiasme. C'est normal. Lorsqu'on amorce un nouveau projet, travail, ou une nouvelle relation, on ressent toujours de l'enthousiasme. Je vous invite à mémoriser cette émotion positive, elle vous sera utile plus tard, lorsque votre positivisme fera place aux doutes. Ne vous en faites pas, je serai là pour vous coacher et vous motiver.

Je vous suggère aussi de faire part à vos proches de votre décision de régler votre problème de poids une fois pour toutes. Je sais, vous vous dites : « Ouais, mais si ça ne marche pas ? » C'est justement pour cela qu'il faut que vous leur en parliez. Vous devez vous impliquer émotionnellement.

Résumons : Avez-vous bien rempli votre fiche de départ ? Inscrit vos objectifs et vos éléments déclencheurs ? Avez-vous identifié votre mentor et trouvé une âme sœur ? Oui ? Alors c'est parfait. Je vous laisse faire votre première semaine et on se reparle la semaine prochaine. Si ça vous semble trop difficile, donnez-vous comme objectif de réussir pendant une seule semaine et vous réévaluerez ensuite.

N'oubliez pas de compter toutes les calories que vous ingérez, sans oublier les calories liquides.

Bonne semaine !

Mon niveau de motivation : (0) (1) (2) (3) (4) (5)

Mes choix d'activités physiques cette semaine sont :

_____

_____

_____

	Nombre de calories mangées et bues				Nombre de calories dépensées à faire de l'activité physique	Total
	Déjeuner	Dîner	Souper	Collations		
Dimanche	+	+	+	−	=	
Lundi	+	+	+	−	=	
Mardi	+	+	+	−	=	
Mercredi	+	+	+	−	=	
Jeudi	+	+	+	−	=	
Vendredi	+	+	+	−	=	
Samedi	+	+	+	−	=	

DÉFI DE LA SEMAINE :
Utiliser systématiquement l'escalier plutôt que l'ascenseur.

Difficultés, bons coups et nouvelles stratégies de la semaine :

_____

_____

_____

_____

Semaine 2

Date : _____

Mon poids au début de la semaine : _____

MANTRA DE LA SEMAINE :
*Je règle mon problème de poids
pour toujours.*

Guy vous coache

Votre poids sur le pèse-personne n'a peut-être pas beaucoup changé, mais ne vous en faites pas ! Surtout, résistez à la tentation de trop réduire vos calories. Si vous exagérez sur ce plan et que vous vous entraînez trop, vous ne résisterez pas et abandonnerez sous peu. Ce n'est pas ce que vous voulez, n'est-ce pas ? Maintenez le cap. Pensez et agissez pour le long terme et non pour le court terme. Vous n'avez rien à gagner à vous dépêcher. Le temps est votre meilleur ami.

À part ça, comment allez-vous ? Comment vous sentez-vous ? Ressentez-vous la faim ? C'est possible au début et c'est normal. Votre corps (et votre esprit) n'est pas encore habitué à ce nouveau rythme. Je suis passé par là ! J'apaisais alors ma faim avec un fruit ou un yogourt. Cette sensation de faim ne va durer que quelques semaines. Dans deux ou trois semaines, elle sera chose du passé et vous commencerez à ressentir les bienfaits de vos efforts. Ayez toujours en tête vos objectifs. Savourez pleinement vos entraînements et vos périodes d'activité physique. Ressentez le plaisir de faire travailler et performer votre corps. Quelque chose de magique se passe dans votre corps en ce moment. Il est en train de comprendre que vous prenez soin de lui. Il a besoin d'un petit peu de temps pour s'ajuster, mais il va réagir positivement très bientôt. Continuez ! Bonne semaine !

Mon niveau de motivation : 0 1 2 3 4 5

Mes choix d'activités physiques cette semaine sont :

_____

_____

_____

	Nombre de calories mangées et bues				Nombre de calories dépensées à faire de l'activité physique	Total
	Déjeuner	Dîner	Souper	Collations		
Dimanche	+	+	+	−		=
Lundi	+	+	+	−		=
Mardi	+	+	+	−		=
Mercredi	+	+	+	−		=
Jeudi	+	+	+	−		=
Vendredi	+	+	+	−		=
Samedi	+	+	+	−		=

DÉFI DE LA SEMAINE :
Éviter de mettre du sucre dans mon café ou mon thé.

Difficultés, bons coups et nouvelles stratégies de la semaine :

_____

_____

_____

_____

Semaine 3

Date : _____

Mon poids au début de la semaine : _____

En ce moment même,
mon corps brûle des calories.

Guy vous coache

Vous êtes déjà rendu à votre 3ᵉ semaine. Bravo ! Je me permets de vous demander comment va votre motivation ? Habituellement, c'est à la 5ᵉ ou 6ᵉ semaine que les difficultés commencent à se faire sentir. Je vous en reparlerai donc dans quelques semaines. Si vous sentez une petite baisse d'enthousiasme, je vous invite à en discuter avec votre âme sœur. Elle vous encouragera à persévérer. Si, au contraire, c'est votre âme sœur qui a besoin de motivation, aidez-la, motivez-la. Ça aura le même effet sur vous. Dans un autre ordre d'idées, j'espère que votre rythme d'entraînement est adéquat ? Ressentez le plaisir de faire des efforts physiques. Écoutez votre cœur qui bat fort et qui nourrit votre corps. Appréciez ce moment. Quelle machine magnifique que le corps humain !

N'oubliez pas vos objectifs de bonheur et de santé. Ce n'est pas le temps de vous relâcher. Regardez vos objectifs soir et matin. Pourquoi ne pas en profiter pour faire un peu de visualisation ? Ressortez de vieilles photos de vous alors que vous aviez du poids en moins et imaginez-vous pesant ce poids. Je le sais, vous doutez. Surtout si vous avez joué au yo-yo à quelques reprises dans votre vie. C'est une erreur. Je vous jure que c'est possible. Il faut y croire. Cette fois-ci, c'est la bonne. Et c'est la dernière !

Bonne semaine !

Mon niveau de motivation : ⓪ ① ② ③ ④ ⑤

Mes choix d'activités physiques cette semaine sont :

_____

_____

_____

	Nombre de calories mangées et bues				Nombre de calories dépensées à faire de l'activité physique	Total
	Déjeuner	Dîner	Souper	Collations		
Dimanche	+	+	+	−	=	
Lundi	+	+	+	−	=	
Mardi	+	+	+	−	=	
Mercredi	+	+	+	−	=	
Jeudi	+	+	+	−	=	
Vendredi	+	+	+	−	=	
Samedi	+	+	+	−	=	

DÉFI DE LA SEMAINE :
Stationner mon auto le plus loin possible de l'endroit où je me rends.

Difficultés, bons coups et nouvelles stratégies de la semaine :

_____

_____

_____

_____

Semaine 4

Date : _____

Mon poids au début de la semaine : _____

Même quand je me sens flancher, je sais que cette fois-ci, c'est pour de bon

Guy vous coache

Vous en êtes à la 4e semaine. Avouez que le temps a passé vite ! Si je me fie à ma propre expérience, à la 4e semaine, j'avais perdu de 3 à 3,5 kg (7 à 8 lb). Rien pour m'énerver, mais assez pour nourrir mes espoirs. Surtout, gardez le focus. Je vous invite à ne pas trop en parler avec vos proches et amis. S'ils vous demandent comment va le régime, répondez que ça va bien. Évitez de mentionner le nombre de kilos perdus. Ils vont toujours trouver que c'est peu et vous donner l'exemple de quelqu'un (leur belle-sœur, par exemple) qui a perdu 8 kg (18 lb) dès le premier mois. Vous ne voulez pas entendre ce genre de comparaison. N'oubliez pas que vous avez décidé d'y aller pour le « long terme ». La fameuse belle-sœur a peut-être repris tout le poids perdu. Si nécessaire, relisez la section « Les excuses et les "parce que" » à la page 39 pour être certain de ne pas tomber dans le panneau, revoyez vos objectifs et relisez les raisons qui vous poussent à maigrir.

Suggestion : Essayez le vêtement qui vous sert de motivation. Oui, oui, celui que vous avez suspendu dans votre chambre. Avez-vous remarqué qu'il est un peu moins serré ? Il ne vous va probablement pas encore, mais vous êtes sur la bonne voie.

Honnêtement, si vous avez tenu le coup pendant quatre semaines et que tout va bien, vous méritez toutes mes félicitations. Bravo ! Soyez vigilant, les semaines « charnières » approchent. Gardez le focus !

Bonne semaine !

Mon niveau de motivation : ⓪ ① ② ③ ④ ⑤

Mes choix d'activités physiques cette semaine sont :

_____

_____

_____

	Nombre de calories mangées et bues				Nombre de calories dépensées à faire de l'activité physique	Total
	Déjeuner	Dîner	Souper	Collations		
Dimanche	+	+	+	−	=	
Lundi	+	+	+	−	=	
Mardi	+	+	+	−	=	
Mercredi	+	+	+	−	=	
Jeudi	+	+	+	−	=	
Vendredi	+	+	+	−	=	
Samedi	+	+	+	−	=	

DÉFI DE LA SEMAINE :
*Ne pas manger de margarine
ni de beurre.*

Difficultés, bons coups et nouvelles stratégies de la semaine :

_____

_____

_____

_____

Semaine 5

Date : _____

Mon poids au début de la semaine : _____

*Je contrôle sereinement ma faim
et j'en suis fier.*

Guy vous coache

Nous voici maintenant rendus aux semaines charnières. Les 5e et 6e semaines sont souvent celles où, comme on dit : « Ça passe ou ça casse ! » Évidemment, cette fois-ci, ça ne cassera pas, n'est-ce pas ? Alors, comme votre moral est peut-être mis à rude épreuve, voici une suggestion à mettre en application dès maintenant. Je vous invite à visualiser le poids que vous avez perdu jusqu'à aujourd'hui pour vous rendre compte de vos progrès. Il suffit de comparer votre poids perdu (qui vous semble insignifiant à côté des efforts que vous avez investis) avec des objets palpables. Par exemple, si vous avez perdu 2,5 kg (6 lb), je vous invite à placer sur votre comptoir six livres de beurre ou encore un sac de 2,2 kg (5 lb) de pommes de terre. Observez attentivement cette masse. Toute cette masse était sur vous, il y a à peine quelques semaines. Elle est maintenant disparue. Est-ce de la magie ? Non ! La masse graisseuse a tout simplement fondu grâce à votre métabolisme. C'est extraordinaire, vous ne trouvez pas ? Maintenant, prenez cette masse dans vos bras et promenez-vous avec dans la maison pendant 5 à 10 minutes. Vous comprendrez que vos efforts ne sont pas vains et que vous êtes sur le chemin de la victoire. Vous pouvez aussi vous faire un petit thermomètre gradué avec le nombre de kilos (ou livres) que vous voulez perdre et hachurer le nombre que vous avez perdu jusqu'à maintenant. Vous pouvez aussi convertir ce nombre en pourcentage de votre objectif. Par exemple, si vous voulez perdre 17 kg (40 lb) et que vous avez perdu 2,5 kg (6 lb) jusqu'à maintenant, vous avez atteint 15 % de votre objectif. Déjà ! Après quatre semaines seulement.

Bravo et bonne semaine !

Mon niveau de motivation : ⓪ ① ② ③ ④ ⑤

Mes choix d'activités physiques cette semaine sont :

_____

_____

_____

	Nombre de calories mangées et bues				Nombre de calories dépensées à faire de l'activité physique	Total
	Déjeuner	Dîner	Souper	Collations		
Dimanche	+	+	+	−	=	
Lundi	+	+	+	−	=	
Mardi	+	+	+	−	=	
Mercredi	+	+	+	−	=	
Jeudi	+	+	+	−	=	
Vendredi	+	+	+	−	=	
Samedi	+	+	+	−	=	

DÉFI DE LA SEMAINE :
Essayer une nouvelle activité physique.

Difficultés, bons coups et nouvelles stratégies de la semaine :

_____

_____

_____

_____

Semaine 6

Date : _____

Mon poids au début de la semaine : _____

MANTRA DE LA SEMAINE :

J'apprends à apprécier les légumes,
les fruits et les aliments sains.

Guy vous coache

Cette semaine, on constate vos progrès ! Premièrement, par rapport à votre entraînement physique. Peu importe ce que vous avez entrepris comme exercice, vous devriez en ressentir les bienfaits physiques et émotifs. Comment vous sentez-vous lors de vos entraînements ? Y prenez-vous plaisir ? Modifiez et alternez vos exercices. Essayez de nouvelles activités. Inscrivez-vous à des cours de groupe. Si vous n'étiez pas un habitué de l'exercice, commencez-vous à en ressentir les bienfaits ? Si oui, notez-les. Si non, persévérez, vous allez les ressentir sous peu. Votre nouveau mode de vie doit inclure de l'activité physique sur une base régulière, et ce, toute votre vie.

Deuxièmement, je vous invite à passer le test du miroir. Peut-être l'avez-vous déjà fait ? Placez-vous devant un miroir (nu ou en sous-vêtements) et observez-vous des pieds à la tête. Remarquez-vous des changements ? Je suis certain que oui. Qu'en est-il de vos yeux, de vos joues, de votre menton (et de votre double menton), de vos épaules ? Il y a une différence, n'est-ce pas ? Vous remarquerez peut-être que, comme la plupart des gens, vous maigrissez de haut en bas. Loi de la gravité oblige ! Vos graisses fondent d'abord dans la partie supérieure de votre corps.

Vous avez fait le point sur ces deux sujets ? Les progrès sont là ? Bravo ! Continuez.

Bonne semaine !

Mon niveau de motivation : 0 1 2 3 4 5

Mes choix d'activités physiques cette semaine sont :

_____

_____

_____

	Nombre de calories mangées et bues				Nombre de calories dépensées à faire de l'activité physique	Total
	Déjeuner	Dîner	Souper	Collations		
Dimanche	+	+	+	−	=	
Lundi	+	+	+	−	=	
Mardi	+	+	+	−	=	
Mercredi	+	+	+	−	=	
Jeudi	+	+	+	−	=	
Vendredi	+	+	+	−	=	
Samedi	+	+	+	−	=	

DÉFI DE LA SEMAINE :
Mastiquer plus longtemps et manger plus lentement.

Difficultés, bons coups et nouvelles stratégies de la semaine :

_____

_____

_____

_____

Mise au point après six semaines

C'est maintenant le moment de faire votre première mise au point et de constater, concrètement, ce que vos efforts vous ont valu. Profitez-en pour faire une petite rétrospective de ce qui s'est passé dans les six dernières semaines.

Notez les bienfaits que vous commencez à ressentir, ainsi que les choses que vous trouvez difficiles. Par exemple, vous êtes moins essoufflé, vous transpirez moins, votre rythme cardiaque est moins rapide, etc. À l'inverse, vous trouvez encore difficile de faire de l'exercice chaque jour, vous avez de la difficulté à vous passer de sucreries, etc. Le fait de noter ces difficultés permet évidemment de les identifier, mais surtout, de constater que vous ressentez plus de bénéfices que d'inconvénients. C'est important pour maintenir votre motivation. Je vous encourage aussi à en discuter avec votre partenaire.

En même temps, je vous invite à noter vos progrès de façon concrète. Votre nouveau poids ainsi que vos nouvelles mensurations. Et pourquoi pas, à vous prendre en photo au même endroit qu'au début et vêtu de la même façon. Allez, on y va!

Date : _____

Mon poids actuel : _____

Mon IMC actuel : _____

Taille de vêtements portée actuellement : _____

Mes nouvelles mensurations :

Taille : _____ Hanche : _____ Cou : _____

Bras : _____ Cuisse : _____ Poitrine : _____

Mollet : _____

Les bénéfices que j'ai ressentis jusqu'à maintenant:

_____

_____

_____

_____

Ce que je trouve toujours difficile:

_____

_____

_____

_____

Mes solutions pour remédier à ces difficultés:

_____

_____

_____

_____

Mes impressions après six semaines:

_____

_____

_____

_____

Témoignages réels de personnes Kilo Motivées :

Je voulais vous dire que depuis que je vous ai rencontré l'année dernière, j'ai perdu plus de 36 kg (80 lb). Je pèse maintenant 98 kg (216 lb), alors que je pesais plus de 135 kg (298 lb). Tout comme vous l'avez dit, Guy : « Il faut se dire que tout est possible et que ce n'est pas une diète que nous effectuons, mais un changement de vie. » C'est ce que j'ai fait. Merci à vous !

– Louis

Nous nous sommes rencontrés il y a un peu plus d'un an, lors d'une conférence « Motivation Poids Santé ». Je vous ai dit, à la fin de la conférence, que vous aviez changé ma vie. Je mesure 1,60 m (5 pi 3 po), je pesais 95 kg (210 lb)… et j'étais découragée. Je vous écris simplement pour vous remercier. Aujourd'hui, voilà que j'ai perdu 27 kg (60 lb) et que je suis à 4,5 kg (10 lb) de mon poids santé ! ENCORE MERCI ! Je vous admire énormément !

– Caroline

*ENFIN quelqu'un qui n'a pas peur de parler franchement...
C'est pas tous les jours qu'on entend les mots « gros, grosse,
obèse, bouboule » (désolée, monsieur Bourgeois!) et tous les
malaises qui viennent avec. On est habitués à être surproté-
gés... Les mots « rondelet » ou « ayant un surplus de poids » ne
nous décrivent habituellement pas très bien, mais ils sont très
« politically correct » !*

*Votre conférence m'a ouvert les yeux (encore une fois)...
J'ai déjà perdu 56 kg (124 lb) en trois ans et afin de garder le
cap, je tente toujours d'être à l'écoute des choses « réalistes »
et non pas des « miracles » vendus un peu partout... Eh bien,
félicitations ! Vous avez réussi à faire passer ce message
comme du beurre dans la poêle !*

– Christiane

*Une lumière s'est allumée en moi lorsque vous avez dit
qu'il était très faisable de perdre 0,5 kg (1 lb) par semaine... et
ça y est, 34 kg (75 lb) plus tard... Vous avez été le premier à
me motiver à perdre du poids. Merci beaucoup !*

– Myriam

Semaine 7

Date : _____

Mon poids au début de la semaine : _____

MANTRA DE LA SEMAINE :

*Ma motivation est à son plus haut
et je sais que je vais réussir.*

Guy vous coache

Bonjour ! C'est votre 7e semaine qui débute. À la lumière des résultats qui commencent à poindre tranquillement, éprouvez-vous de la fierté ? J'espère que oui ! Il est important de goûter pleinement ce sentiment d'accomplissement et de victoire. Évidemment, vous avez gagné la bataille du découragement, qui est presque toujours présent durant les 5e et 6e semaines, mais pas la guerre. Il faut donc continuer sans relâchement.

Pour ceux qui n'ont pas obtenu les résultats souhaités, ce n'est pas grave. Ce qui est important, c'est que vous continuiez votre programme Kilo Motivé. Si votre foi vacille un peu et que les doutes vous envahissent à l'occasion, je vous suggère de vous concentrer sur ce que vous avez à faire un jour à la fois, comme le dit la chanson. Je vous certifie que, à terme, votre bonheur sera mille fois plus grand que les petits découragements que vous avez parfois. Un coup de fil à votre âme sœur et une relecture de certains passages du livre pourraient probablement vous aider. Relisez vos éléments déclencheurs et les motivations qui vous poussent à maigrir. Relisez le Mantra de la semaine et répétez-le à haute voix régulièrement. Vous êtes sur la bonne voie.

Bonne semaine !

Mon niveau de motivation : ⓪ ① ② ③ ④ ⑤

Mes choix d'activités physiques cette semaine sont :

_____

_____

_____

	Nombre de calories mangées et bues				Nombre de calories dépensées à faire de l'activité physique	Total
	Déjeuner	Dîner	Souper	Collations		
Dimanche	+	+	+	−		=
Lundi	+	+	+	−		=
Mardi	+	+	+	−		=
Mercredi	+	+	+	−		=
Jeudi	+	+	+	−		=
Vendredi	+	+	+	−		=
Samedi	+	+	+	−		=

DÉFI DE LA SEMAINE :

Planifier une activité physique avec mes amis au lieu d'un souper.

Difficultés, bons coups et nouvelles stratégies de la semaine :

_____

_____

_____

_____

Votre coaching Kilo Motivé

Semaine 8

Date : _____

Mon poids au début de la semaine : _____

Wow ! Mes vêtements sont plus amples.
C'est motivant !

Guy vous coache

Vous amorcez votre 8e semaine et j'espère que votre motivation est toujours au rendez-vous. Je suis persuadé que oui. Si ce n'est pas le cas, qu'est-ce qui ne va pas ? Répondez à cette question et affrontez la solution en misant sur votre santé future et non sur le court terme. Ne pensez pas à maintenant, pensez à plus tard et aux récompenses qui vous attendent à long terme. Une meilleure santé, mais surtout la sensation extraordinaire d'avoir relevé un grand défi.

Parlant de défi, tiens, je vous en lance un. Vous êtes maintenant prêt à relever un peu la cadence de vos exercices. Je me souviens qu'après deux mois de perte de poids, je me sentais vraiment bien. J'avais perdu presque 5 kg (11 lb) et j'avais l'impression que mon énergie était décuplée. J'ai donc augmenté la cadence de mes exercices. La meilleure chose dans tout ça, c'est que plus je courais ou pédalais vite, mieux je me sentais. Et mieux je me sentais, plus j'avais envie de courir ou de pédaler vite. Un sentiment de puissance était en train de me gagner. Wow ! Après huit semaines, j'avais l'impression d'être capable de tout. En parallèle, ma confiance en moi augmentait.

Ce sentiment de confiance et de puissance est aussi à votre portée. Êtes-vous prêt à augmenter votre cadence d'entraînement ? Oui ? Ça commence maintenant !

Bonne semaine !

Mon niveau de motivation : ⓪ ① ② ③ ④ ⑤

Mes choix d'activités physiques cette semaine sont :

_____

_____

_____

	Nombre de calories mangées et bues				Nombre de calories dépensées à faire de l'activité physique	Total
	Déjeuner	Dîner	Souper	Collations		
Dimanche	+	+	+	−	=	
Lundi	+	+	+	−	=	
Mardi	+	+	+	−	=	
Mercredi	+	+	+	−	=	
Jeudi	+	+	+	−	=	
Vendredi	+	+	+	−	=	
Samedi	+	+	+	−	=	

DÉFI DE LA SEMAINE :
Arriver à faire 45 minutes d'exercice sans arrêt.

Difficultés, bons coups et nouvelles stratégies de la semaine :

_____

_____

_____

_____

Semaine 9

Date : _____

Mon poids au début de la semaine : _____

Ma faim est purement imaginaire.
Je contrôle mes envies.

Guy vous coache

Vous avez maintenant deux mois de faits. Vous avez probablement atteint une certaine « vitesse de croisière » et, comme moi à l'époque, ressentez sûrement de plus en plus les résultats de vos efforts. Votre motivation devrait être à son maximum.

Je vous mets cependant en garde contre des éléments qui, sournoisement, pourraient vous faire dévier de votre objectif initial :

– Des changements imprévus dans votre vie. Vous attrapez un vilain rhume, votre enfant est malade, vous partez en voyage ou votre travail vous cause plus de soucis qu'à l'habitude, par exemple.

– Vous attrapez la « popirite » et vous vous dites que vous êtes « pas pire » avec le poids que vous venez de perdre et que vous avez envie de prendre une petite pause.

– Vous commencez à relâcher vos habitudes d'entraînement. La semaine passée, à deux reprises, vous n'avez pas eu le temps.

– Vos propres raisons « sournoises » : _____.

Si c'est votre cas, voici une mise en garde. Votre vie n'est pas différente de celle des autres personnes qui ont perdu du poids et qui ont maintenu leur nouveau poids. Elles ont toutes été stressées au travail, ont attrapé des rhumes ou fait des voyages. Si vous voulez atteindre et maintenir votre poids santé pour le reste de votre vie, vous devrez apprendre à séparer les aléas de la vie de votre alimentation. C'est possible. Je l'ai fait. Des milliers de gens l'ont fait. Vous êtes donc capable. Continuez !

Bonne semaine !

Mon niveau de motivation : 0 1 2 3 4 5

Mes choix d'activités physiques cette semaine sont :

_____

_____

_____

	Nombre de calories mangées et bues				Nombre de calories dépensées à faire de l'activité physique	Total
	Déjeuner	Dîner	Souper	Collations		
Dimanche	+	+	+	−	=	
Lundi	+	+	+	−	=	
Mardi	+	+	+	−	=	
Mercredi	+	+	+	−	=	
Jeudi	+	+	+	−	=	
Vendredi	+	+	+	−	=	
Samedi	+	+	+	−	=	

DÉFI DE LA SEMAINE :
Mettre à mon agenda une activité physique que je n'ai jamais pratiquée.

Difficultés, bons coups et nouvelles stratégies de la semaine :

_____

_____

_____

_____

Semaine 10

Date : _____

Mon poids au début de la semaine : _____

MANTRA DE LA SEMAINE :
*Je me sens plus léger
et ça me motive énormément.*

Guy vous coache

Ce n'est probablement pas le cas, mais si vous êtes sur le point de flancher, surtout, ne lâchez pas. Ça bousillerait tous vos efforts des deux derniers mois, mais pire encore, ça repartirait à nouveau le cycle du découragement qui vous a fait jouer au yo-yo depuis des années. Je vous suggère ce qui suit :

1. Parlez de vos difficultés à un de vos proches. Une émotion négative partagée est déjà moins lourde à porter. Dites à cette personne comment vous aimeriez surmonter cette difficulté et engagez-vous à le faire.

2. Écrivez les raisons qui vous feraient abandonner. Ces difficultés sont-elles vraiment insurmontables ? Je suis certain que NON. Trouvez des solutions. Ces difficultés, peu importe lesquelles, ont été surmontées par des milliers de gens.

3. Si les raisons que vous invoquez pour abandonner sont d'ordre physique, consultez votre spécialiste de la santé. Peut-être que votre alimentation est déficiente ou que votre entraînement est inadéquat.

4. Revoyez votre liste de raisons invoquées pour amorcer votre perte de poids et faites de la visualisation. Voyez-vous à votre poids santé portant le vêtement dont vous rêvez, etc.

5. Retirez-vous dans un endroit isolé – votre chambre, votre voiture, votre terrasse arrière, peu importe –, et criez à haute voix le plus fort possible : « Je vais continuer, je vais continuer, je vais continuer. » Ça va vous stimuler émotionnellement et physiquement et vous vous sentirez plus fort.

Je suis passé par les mêmes périodes de découragement que vous (ma conjointe aussi, d'ailleurs), mais à la différence des autres fois où j'ai abandonné, j'ai persévéré. Je vous invite à faire la même chose. Vous en êtes capable.

Bonne semaine !

Mon niveau de motivation : ⓪ ① ② ③ ④ ⑤

Mes choix d'activités physiques cette semaine sont :

_____

_____

_____

	Nombre de calories mangées et bues				Nombre de calories dépensées à faire de l'activité physique	Total
	Déjeuner	Dîner	Souper	Collations		
Dimanche	+	+	+	−		=
Lundi	+	+	+	−		=
Mardi	+	+	+	−		=
Mercredi	+	+	+	−		=
Jeudi	+	+	+	−		=
Vendredi	+	+	+	−		=
Samedi	+	+	+	−		=

DÉFI DE LA SEMAINE :
Chaque matin et chaque soir, répéter à haute voix :
« Cette fois-ci, j'atteins mon poids santé
une fois pour toutes ! »

Difficultés, bons coups et nouvelles stratégies de la semaine :

_____

_____

_____

_____

Semaine 11

Date : _____

Mon poids au début de la semaine : _____

MANTRA DE LA SEMAINE :
*Je mange à ma faim
et non jusqu'à plus de fin.*

Guy vous coache

Vous en êtes à votre 11e semaine. Bravo! Tout va bien? Pourquoi ne pas profiter de votre nouvelle détermination et de la motivation engendrée par vos récents résultats pour goûter un nouveau mets? Mes proches vous diraient que je suis mal placé pour vous faire cette suggestion, étant moi-même assez «difficile». Mais c'est quand même durant ma perte de poids que je suis tombé amoureux du yogourt. Je vous en ai parlé à quelques reprises dans ce livre. La réalité, c'est que je n'ai jamais aimé le yogourt. J'y avais goûté plusieurs fois étant plus jeune, mais rien à faire, ça me tombait sur le cœur.

Mais comme ma collègue Isabelle Huot n'arrêtait pas d'en faire l'éloge dans ses chroniques à l'émission de télévision *Salut Bonjour,* j'ai décidé de réessayer à nouveau et ç'a été une révélation. Je me suis mis à adorer cela, et maintenant, j'en mange presque chaque jour.

C'est à votre tour. Juste pour le *fun*, essayez donc un aliment santé que vous n'aimez pas ou que vous n'avez jamais essayé. On ne sait jamais. Peut-être que ce sera une agréable découverte et que ça relèvera d'un cran votre motivation en vous permettant de constater que «vous êtes capable» d'apprécier de nouveaux aliments, alors que vous aviez peut-être toujours pensé le contraire.

Quel aliment santé allez-vous essayer cette semaine?

_____

Bonne semaine!

Mon niveau de motivation : 0 1 2 3 4 5

Mes choix d'activités physiques cette semaine sont :

_____

_____

_____

	Nombre de calories mangées et bues				Nombre de calories dépensées à faire de l'activité physique	Total
	Déjeuner	Dîner	Souper	Collations		
Dimanche	+	+	+	−		≡
Lundi	+	+	+	−		≡
Mardi	+	+	+	−		≡
Mercredi	+	+	+	−		≡
Jeudi	+	+	+	−		≡
Vendredi	+	+	+	−		≡
Samedi	+	+	+	−		≡

DÉFI DE LA SEMAINE :
*Me rendre dans un commerce d'aliments santé
pour découvrir de nouveaux produits.*

Difficultés, bons coups et nouvelles stratégies de la semaine :

_____

_____

_____

_____

Semaine 12

Date : _____

Mon poids au début de la semaine : _____

MANTRA DE LA SEMAINE :

*Je perds du poids pour moi-même,
pas pour les autres.*

Guy vous coache

Je tiens pour acquis que vous avez perdu entre 6 et 8 kg (12 et 20 lb). Comme ça fait maintenant trois mois que vous perdez du poids, vous êtes probablement rendu à un changement de saison. Je vous invite donc à faire l'un des gestes les plus significatifs de votre coaching Kilo Motivé : donner les vêtements qui ne vous font plus.

C'est un geste symbolique, mais ô combien important pour affirmer votre conviction profonde face à votre perte de poids et surtout, face au fait que vous ne reviendrez plus jamais en arrière.

Je sais que vous êtes hésitant. Ces vêtements vous ont quand même coûté de l'argent et l'argent n'est pas facile à gagner. Je sais tout cela. J'ai pensé la même chose.

On va le faire ensemble. Lâchez votre livre, levez-vous, et rendez-vous dans votre garde-robe. Sortez les vêtements de la saison précédente qui ne vous font plus et qui ne vous feront assurément plus jamais. Étendez-les sur votre lit (ma femme et moi, on a fait cela à quelques reprises avec beaucoup de plaisir). Maintenant, allez chercher un sac-poubelle ou une boîte de carton vide et placez-les dedans. Lorsque c'est fait, mettez ce sac ou cette boîte dans votre voiture et rendez-vous au centre de récupération de vêtements le plus près pour les donner. Vous pourriez aussi les donner à des gens que vous connaissez et qui portent la même taille que vous portiez jadis. Alors, c'est fait ? Parfait ! N'y pensez plus maintenant. Pourquoi ne pas aller vous entraîner pour fêter cela ?

Bonne semaine !

Mon niveau de motivation : ⓪ ① ② ③ ④ ⑤

Mes choix d'activités physiques cette semaine sont :

_____

_____

_____

	Nombre de calories mangées et bues				Nombre de calories dépensées à faire de l'activité physique	Total
	Déjeuner	Dîner	Souper	Collations		
Dimanche	+	+	+	−	=	
Lundi	+	+	+	−	=	
Mardi	+	+	+	−	=	
Mercredi	+	+	+	−	=	
Jeudi	+	+	+	−	=	
Vendredi	+	+	+	−	=	
Samedi	+	+	+	−	=	

DÉFI DE LA SEMAINE :
Aller magasiner de nouveaux vêtements.

Difficultés, bons coups et nouvelles stratégies de la semaine :

_____

_____

_____

_____

Semaine 13

Date : _____

Mon poids au début de la semaine : _____

J'ai de plus en plus d'énergie.

Guy vous coache

Vous voilà à mi-parcours du coaching Kilo Motivé. C'est donc le moment de faire votre deuxième « portrait » (voir page 194). Je profite de cette halte à mi-parcours pour vous demander comment vous vous sentez ? Mieux, n'est-ce pas ? Je suis certain que vous commencez à avoir plus d'énergie et que votre perte de poids commence à se voir. Peut-être même que certaines personnes vous ont félicité ? Ce n'est qu'un début, croyez-moi. Avouez que même si vous perdez du poids pour vous, et uniquement pour vous, il est quand même plaisant que les autres le remarquent et vous en fassent part. C'est bon pour l'ego et une excellente raison pour continuer.

Pour moi, l'étape des trois mois, je m'en souviens très bien, est arrivée pendant la période des fêtes. Ce fut tout un test, mais je l'ai relevé avec brio. J'ai évidemment goûté aux gâteries traditionnelles de Noël, mais avec modération. Peut-être êtes-vous dans la même situation, ou dans la période des chocolats de Pâques, ou peut-être que vous venez de sortir le barbecue ? Il est important que vous passiez ce test avec succès. Faites-vous confiance ! Ça va bien aller !

Je sais que vous avez hâte de faire votre deuxième portrait. Je ne vous retiendrai pas plus longtemps. Après avoir rempli votre coaching de la semaine, vous pourrez tourner la page et remplir les données de votre portrait.

Bonne semaine !

Mon niveau de motivation : 0 1 2 3 4 5

Mes choix d'activités physiques cette semaine sont :

_____

_____

_____

	Nombre de calories mangées et bues				Nombre de calories dépensées à faire de l'activité physique	Total
	Déjeuner	Dîner	Souper	Collations		
Dimanche	+	+	+	−	=	
Lundi	+	+	+	−	=	
Mardi	+	+	+	−	=	
Mercredi	+	+	+	−	=	
Jeudi	+	+	+	−	=	
Vendredi	+	+	+	−	=	
Samedi	+	+	+	−	=	

DÉFI DE LA SEMAINE :
Ne pas terminer mon plat principal si je vais au restaurant.

Difficultés, bons coups et nouvelles stratégies de la semaine :

_____

_____

_____

_____

Mon portrait après 13 semaines

Wow! Vous êtes arrivé à la 13e semaine. Il est maintenant temps de faire le point et de regarder le chemin que vous avez parcouru. Je vous invite à remplir les données de ce deuxième portrait intermédiaire et, si nécessaire, à continuer. On se revoit dans six semaines. Bon succès!

Date : _____

Mon poids actuel : _____

Mon IMC actuel : _____

Taille de vêtements portée actuellement : _____

Mes nouvelles mensurations :

Taille : _____ Hanche : _____ Cou : _____

Bras : _____ Cuisse : _____ Poitrine : _____

Mollet : _____

Les bénéfices que j'ai ressentis jusqu'à maintenant :

_____

_____

_____

_____

Ce que je trouve toujours difficile :

_____

_____

_____

_____

Mes solutions pour remédier à ces difficultés :

_____

_____

_____

_____

Mes impressions après 13 semaines :

_____

_____

_____

_____

Témoignages réels de personnes Kilo Motivées :

J'étais un expert des régimes à répétition et de l'effet yo-yo. Avec le temps, mon corps et mon cerveau ne pouvaient plus accepter que je puisse perdre du poids.

À la suite de votre conférence, il y a un an, je me suis décidé à m'y mettre une fois pour toutes, à 48 ans, 1,70 m (5 pi 7 po) et 142 kg (313 lb). En plus, j'avais les deux genoux finis et mon orthopédiste avait été clair. Si je ne me prenais pas en main immédiatement, il ne m'opérerait pas une cinquième fois ! J'étais rendu à la genou-plastie (prothèse totale du genou) et il ne pouvait pas faire cette intervention sur un obèse de mon poids. Je n'avais pas le choix.

Lors de mon inscription à la salle d'entraînement, le premier objectif que je me suis donné fut de parvenir à monter les 12 marches entre le stationnement et le vestiaire non pas une à la fois, mais l'une après l'autre, comme tout le monde... Depuis, j'ai perdu 31 kg (68 lb) et je viens de recevoir mon nouveau genou. J'ai donc une nouvelle chance dans la vie. Je vais continuer à perdre du poids et réussir à atteindre les buts que je me suis fixés. Merci et au plaisir !

– Daniel

Depuis maintenant un an, j'ai changé mon mode de vie et mon alimentation. Je marche beaucoup (entre 5 et 12 km par jour) et je fais des exercices au sol. Résultat: plus de 35 kg (75 lb) en moins, et je peux affirmer que j'en suis fière. Merci pour vos précieux conseils et bravo pour votre livre Kilo Cardio*!*
  – Luce

La dernière fois que je m'étais inscrite dans une salle d'entraînement, c'était il y a presque huit ans. Après votre conférence, j'ai acheté votre livre Kilo Cardio *et je me suis inscrite à une salle d'entraînement avec un entraîneur privé. Travail formidable de sa part... et de la mienne bien entendu! Depuis, j'ai perdu 5 kg (12 lb). Il me reste 3 kg (8 lb) à perdre, mais ce qui est encore plus merveilleux, c'est que j'ai retrouvé ma forme et ma joie de vivre. Merci à vous!*
  – Linda

Semaine 14

Date : _____

Mon poids au début de la semaine : _____

MANTRA DE LA SEMAINE :

Je suis fier de moi car mes actions sont conformes à mes intentions.

Guy vous coache

Vous voilà donc à la 14e semaine. Certains d'entre vous ont peut-être perdu le petit 8 kg (20 lb) qu'ils avaient accumulé avec les années. Si c'est votre cas, bravo ! Vous pouvez passer en mode « maintien ». C'est très simple, vous n'avez qu'à augmenter vos calories consommées quotidiennement au palier « normal », soit environ 1800 pour les femmes et 2350 pour les hommes, selon le type de travail ou d'entraînement que vous faites (voir le tableau en page 241). En ce qui me concerne, lorsque j'ai atteint mon poids santé, j'ai réparti mes quelque 500 Calories de plus par jour sur mes trois repas. J'ai cependant conservé la même cadence d'exercice. Ma perte de poids s'est interrompue comme par magie. C'est encore ce que je fais aujourd'hui (voir les conseils aux pages 231 à 234).

Pour ceux qui ont encore des kilos en trop, votre temps viendra aussi ! Pour l'instant, poursuivez sans relâche votre processus de transformation. Votre persévérance sera récompensée, croyez-moi. Ce que vous ne réalisez pas actuellement, c'est qu'en faisant ce qu'il faut pour perdre du poids, vous êtes en train de prendre de nouvelles habitudes et d'habituer votre corps (et votre esprit) à un nouveau rythme de vie que vous aurez envie de maintenir par la suite. Et ce, sans effort. Ne vous en faites pas, je n'ai pu faire ce petit « réajustement calorique » qu'après 75 semaines (1 an et demi). Alors ne lâchez pas et continuez !

Bonne semaine !

Mon niveau de motivation : 0 1 2 3 4 5

Mes choix d'activités physiques cette semaine sont :

_____

_____

_____

	Nombre de calories mangées et bues				Nombre de calories dépensées à faire de l'activité physique	Total
	Déjeuner	Dîner	Souper	Collations		
Dimanche	+	+	+	−	=	
Lundi	+	+	+	−	=	
Mardi	+	+	+	−	=	
Mercredi	+	+	+	−	=	
Jeudi	+	+	+	−	=	
Vendredi	+	+	+	−	=	
Samedi	+	+	+	−	=	

DÉFI DE LA SEMAINE :
*Toujours marcher d'un pas rapide
et en souriant.*

Difficultés, bons coups et nouvelles stratégies de la semaine :

_____

_____

_____

_____

Semaine 15

Date : _____

Mon poids au début de la semaine : _____

MANTRA DE LA SEMAINE :
*Je fais de l'exercice
et je me sens beaucoup mieux.*

Guy vous coache

Comme je présume que vous commencez à vous sentir de mieux en mieux et que mes conseils vous semblent « moins » indispensables, j'aimerais vous raconter une petite anecdote qui m'est arrivée à peu près à mi-parcours. Je sais que vous allez peut-être rire de moi ou même me trouver « bizarre », mais après avoir perdu environ 16 kg (40 lb), j'ai commencé à sentir mes côtes. J'avais tellement de graisse depuis si longtemps que jamais je n'avais réussi à toucher mes côtes. Je pensais même que je n'en avais pas. Sans blague, un bon matin, dans la douche, mes doigts ont pianoté sur mes côtes du côté droit de mon torse. Wow ! Je n'avais jamais senti cela. Surpris, j'ai fait la même chose du côté gauche. Eh oui, mes côtes étaient bel et bien là !

Évidemment, cet exemple n'appartient qu'à moi et à moi seul. Mais peut-être êtes-vous en train de vous découvrir une nouvelle silhouette et de constater que vos mollets se galbent petit à petit ? Quelle belle sensation et quelle belle motivation pour continuer ! Regardez-vous dans le miroir. Observez les moindres petits changements. Prenez des photos de vous et affichez-les à côté de votre photo de départ. Apportez-les avec vous dans votre sac à main, votre sac d'entraînement, votre portefeuille. Si votre motivation vacille un peu, sortez ces photos et regardez vos progrès.

Quels changements physiques observez-vous jusqu'à maintenant ?

_____

_____

Félicitez-vous de ces changements et soyez-en fier !

Bonne semaine !

Mon niveau de motivation : (0) (1) (2) (3) (4) (5)

Mes choix d'activités physiques cette semaine sont :

_____

_____

_____

	Nombre de calories mangées et bues				Nombre de calories dépensées à faire de l'activité physique	Total
	Déjeuner	Dîner	Souper	Collations		
Dimanche	+	+	+	−	=	
Lundi	+	+	+	−	=	
Mardi	+	+	+	−	=	
Mercredi	+	+	+	−	=	
Jeudi	+	+	+	−	=	
Vendredi	+	+	+	−	=	
Samedi	+	+	+	−	=	

DÉFI DE LA SEMAINE :
*Monter les escaliers
en courant.*

Difficultés, bons coups et nouvelles stratégies de la semaine :

_____

_____

_____

_____

Semaine 16

Date : _____

Mon poids au début de la semaine : _____

Je transpire de moins en moins et je suis plus sûr de moi lorsque je côtoie d'autres personnes.

Guy vous coache

Bonjour ! J'espère que vous allez bien. Je suis persuadé que oui. Depuis le début de votre coaching Kilo Motivé (il y a quatre mois), vous est-il arrivé de tricher ? Tricher dans le sens de « ne pas être capable de vous retenir », par émotion, compulsion ou carrément parce que vous n'avez pas pu résister ? Oui ? Si c'est le cas, ce n'est pas grave, mais je vous invite à faire une petite analyse de votre état mental et physique. Étiez-vous préoccupé par une situation particulière qui vous empêchait de vous concentrer pleinement sur votre perte de poids ? Avez-vous tout simplement « oublié » de faire attention ? Peu importe votre raison, j'espère que vous l'avez identifiée. Si c'est le cas, il vous sera plus facile de l'éviter ou de vous contrôler lorsque cette situation se présentera à nouveau.

En ce qui me concerne, ce n'est pas une situation précise qui me pose problème, c'est une saison, l'été. Les barbecues, les pique-niques, les amis qui viennent veiller autour du feu, la boisson, les guimauves, sans compter la fameuse crème glacée molle, mon péché mignon. Donc, l'été (c'est encore le cas aujourd'hui), je m'impose une discipline plus stricte. Je fais plus d'exercice, par exemple. Je m'impose de ne pas aller au comptoir de crème glacée plus d'une fois par semaine. Lorsqu'on cuisine sur le barbecue, je m'en tiens uniquement à la viande et je ne mange pas de féculents. Bref, c'est ma situation problématique.

Quelle est la vôtre ? Avez-vous identifié vos moments de faiblesse ? Oui ? Maintenant, imposez-vous un suivi et une discipline plus rigoureuse et vous serez capable, comme moi, de maintenir le cap.

Bonne semaine !

Mon niveau de motivation : 0 1 2 3 4 5

Mes choix d'activités physiques cette semaine sont :

_____

_____

_____

	Nombre de calories mangées et bues				Nombre de calories dépensées à faire de l'activité physique	Total
	Déjeuner	Dîner	Souper	Collations		
Dimanche	+	+	+	−	=	
Lundi	+	+	+	−	=	
Mardi	+	+	+	−	=	
Mercredi	+	+	+	−	=	
Jeudi	+	+	+	−	=	
Vendredi	+	+	+	−	=	
Samedi	+	+	+	−	=	

DÉFI DE LA SEMAINE :
Passer devant un commerce d'aliments qui me feraient normalement succomber, et résister à la tentation.

Difficultés, bons coups et nouvelles stratégies de la semaine :

_____

_____

_____

_____

Semaine 17

Date : _____

Mon poids au début de la semaine : _____

MANTRA DE LA SEMAINE :

Je suis en train de ME prouver que j'ai de la discipline. Youpi ! J'ai de la discipline !

Guy vous coache

Eh oui, vous en êtes rendu à la 17e semaine. Bravo ! Je me permets de vous demander comment va votre relation avec votre pèse-personne ? Si vous êtes toujours en processus de perte de poids, vous pesez-vous encore chaque jour ? Hum ! Vous sautez quelques matins ? Si c'est votre cas, votre coach vous fait une mise en garde : placez le pèse-personne à votre agenda ! Vous allez trouver que j'exagère, mais je vous jure que c'est important. Vous peser doit être une priorité. Moi, je me pesais chaque matin au lever. Aujourd'hui, je me pèse chaque dimanche matin au lever. À force d'entendre tous les témoignages de gens qui ont réussi, ou échoué, ou repris, ou re-re-maigri, etc., j'en suis arrivé à cette théorie : la fréquence à laquelle vous vous pesez est égale à votre niveau de motivation à perdre ou à maintenir votre poids.

Chaque fois qu'une personne me dit qu'elle a eu un relâchement dans son entraînement et sa perte de poids, ou encore qu'elle a repris un peu de poids, je lui demande : « Te pèses-tu chaque jour ? » La réponse est toujours la même : « Euh… non, j'oublie de le faire. Ça fait trois mois que je ne me suis pas pesé ! »

Je suis convaincu que si le pèse-personne sort de vos pensées quotidiennes, vos mauvaises habitudes reprendront et le laisser-aller s'installera. C'est simple, vous perdrez le « focus ». Alors voici le meilleur conseil que je puisse vous donner : en processus de perte de poids, pesez-vous chaque jour. En période de maintien et pour le reste de vos jours, pesez-vous chaque semaine.

Bonne semaine !

Mon niveau de motivation : 0 1 2 3 4 5

Mes choix d'activités physiques cette semaine sont :

_____

_____

_____

	Nombre de calories mangées et bues				Nombre de calories dépensées à faire de l'activité physique	Total
	Déjeuner	Dîner	Souper	Collations		
Dimanche	+	+	+	−	=
Lundi	+	+	+	−	=
Mardi	+	+	+	−	=
Mercredi	+	+	+	−	=
Jeudi	+	+	+	−	=
Vendredi	+	+	+	−	=
Samedi	+	+	+	−	=

DÉFI DE LA SEMAINE :
*Chaque jour, remplacer, dans mon menu,
un aliment riche par un aliment santé.*

Difficultés, bons coups et nouvelles stratégies de la semaine :

_____

_____

_____

_____

Semaine 18

Date : _____

Mon poids au début de la semaine : _____

MANTRA DE LA SEMAINE :

*Mon regard est de plus en plus vif
et pétillant de joie !*

Guy vous coache

Vous aimez faire du camping et des sorties en plein air ? Ici, en forêt, ou sur les chemins de Compostelle ? J'imagine que oui. Si c'est le cas, bravo, les vacances et les week-ends en famille peuvent être une excellente motivation.

En ce qui me concerne, le camping et les excursions en plein air ont été, pour ma femme et moi, une grande source de motivation. Que ce soit dans un parc de la Sépaq dans Charlevoix ou dans les autres belles régions du Québec, à peu près toutes les activités de plein air sont associées à « marcher longtemps et monter des escaliers ». Lorsque nous étions obèses, nous avions tendance à sélectionner nos excursions en fonction du dénivelé du parcours et du nombre de marches qu'on devait gravir. Je suis certain que ç'a déjà été votre cas et que, si vous avancez en âge, le problème ne fait que s'aggraver, ainsi que le risque de blessures. Alors, si vous rêvez d'aventure et de continuer à explorer les sentiers le plus longtemps possible, c'est une excellente raison pour poursuivre votre quête ou maintenir votre poids santé. En tout cas, ça l'a été pour nous.

Si vous êtes motivé par le plein air en général, pourquoi ne pas vous récompenser par un voyage ou une excursion spéciale ? Quelle belle motivation !

Bonne semaine !

Mon niveau de motivation : ⓪ ① ② ③ ④ ⑤

Mes choix d'activités physiques cette semaine sont :

_____

_____

_____

	Nombre de calories mangées et bues				Nombre de calories dépensées à faire de l'activité physique	Total
	Déjeuner	Dîner	Souper	Collations		
Dimanche	+	+	+	−	=
Lundi	+	+	+	−	=
Mardi	+	+	+	−	=
Mercredi	+	+	+	−	=
Jeudi	+	+	+	−	=
Vendredi	+	+	+	−	=
Samedi	+	+	+	−	=

DÉFI DE LA SEMAINE :
Proposer à une nouvelle personne
de venir marcher avec moi.

Difficultés, bons coups et nouvelles stratégies de la semaine :

_____

_____

_____

_____

Semaine 19

Date : _____

Mon poids au début de la semaine : _____

Guy vous coache

Cette semaine, je veux encore vous parler de voyages, mais de leur côté « néfaste » pour les gens qui sont susceptibles de prendre du poids. Les voyages sont souvent les éléments déclencheurs d'une reprise de poids notable. Je suis certain que vous pouvez m'en citer quelques exemples. Vous êtes allé dans un « tout inclus » et vous avez succombé au buffet à volonté, ou encore vous vous êtes payé un p'tit week-end d'amoureux et votre bonne fourchette d'antan est revenue prendre le contrôle de votre appétit… Bref, les voyages en général risquent de devenir l'excuse parfaite pour tout abandonner.

Voici quelques trucs pour éviter les rechutes en voyage :

– Pesez-vous au départ et dès votre retour.
– Pourquoi ne pas perdre 1 kg (2 lb) avant votre départ et ainsi profiter de votre voyage pour vous récompenser ? C'est ce que je fais.
– Faites plus d'activité physique en voyage. Par exemple, prenez l'escalier plutôt que l'ascenseur. Faites du jogging tous les matins, etc.
– Prenez le temps de « goûter » les aliments et de les mastiquer lentement. Plus vous mangez lentement, plus vous ressentirez votre satiété.
– Privilégiez les fruits au dessert. Ils sont tellement bons.
– Avec la personne qui vous accompagne, lancez-vous un défi « maintien de poids ». Dites-vous que vous ne perdrez pas de poids en voyage, mais que vous n'en prendrez pas non plus. Celui ou celle qui perd devra payer quelque chose à l'autre ou faire ses tâches ménagères pendant une semaine.
– Revenez immédiatement à vos habitudes santé dès votre retour.

Les vacances, les voyages sont toujours de beaux moments de la vie, mais ils sont de courte durée. Faites ce qu'il faut pour ne pas qu'ils vous causent des inconvénients de poids sur de longues durées.

Vous en êtes capable !

Bonne semaine !

Mon niveau de motivation : (0) (1) (2) (3) (4) (5)

Mes choix d'activités physiques cette semaine sont :

_____

_____

_____

	Nombre de calories mangées et bues				Nombre de calories dépensées à faire de l'activité physique	Total
	Déjeuner	Dîner	Souper	Collations		
Dimanche	+	+	+	−	=	
Lundi	+	+	+	−	=	
Mardi	+	+	+	−	=	
Mercredi	+	+	+	−	=	
Jeudi	+	+	+	−	=	
Vendredi	+	+	+	−	=	
Samedi	+	+	+	−	=	

DÉFI DE LA SEMAINE :
Faire 10 minutes de visualisation positive par jour.

Difficultés, bons coups et nouvelles stratégies de la semaine :

_____

_____

_____

_____

Semaine 20

Date : _____

Mon poids au début de la semaine : _____

*Je ressens de plus en plus les bienfaits
de ma perte de poids.*

Guy vous coache

Vous voilà aux trois quarts du coaching Kilo Motivé. C'est donc le temps de faire votre troisième « portrait » (voir page 212). Je profite de cette halte pour vous rappeler certains éléments de motivation.

Êtes-vous encore et toujours motivé…

	Oui	Moyennement	Non
– par vos objectifs initiaux ?			
– par l'entraînement ?			
– par le fait de pouvoir porter de nouveaux vêtements ?			
– par le fait que votre silhouette a changé ?			
– parce que vous sentez que vous avez plus d'énergie ?			
– parce que votre bilan de santé globale s'est amélioré ?			
– parce que vous êtes fier de ce que vous avez accompli jusqu'à maintenant ?			
– parce que votre conjoint semble vous regarder avec admiration ?			
– à maintenir votre alimentation santé pour toujours ?			
– à poursuivre, malgré les petits (et grands) problèmes de la vie ?			

Si vous n'avez répondu que des « oui ». Bravo et poursuivez sur votre lancée.

Si vous avez répondu des « moyennement », je vous invite à vous refixer des objectifs à « court terme » afin de relever votre niveau de motivation.

Si vous avez répondu des « non », je vous invite à en parler immédiatement à votre « âme sœur ». Vous avez besoin de vous faire secouer un peu.

Vous venez de faire le point « mentalement ». Vous pouvez maintenant remplir les données de votre troisième portrait, et vous pourrez constater les progrès que vous avez faits « physiquement ».

Bonne semaine !

Mon niveau de motivation : ⓪ ① ② ③ ④ ⑤

Mes choix d'activités physiques cette semaine sont :

_____

_____

_____

	Nombre de calories mangées et bues				Nombre de calories dépensées à faire de l'activité physique	Total
	Déjeuner	Dîner	Souper	Collations		
Dimanche	+	+	+	−		=
Lundi	+	+	+	−		=
Mardi	+	+	+	−		=
Mercredi	+	+	+	−		=
Jeudi	+	+	+	−		=
Vendredi	+	+	+	−		=
Samedi	+	+	+	−		=

DÉFI DE LA SEMAINE :
Manger des aliments qui contiennent plus de fibres.

Difficultés, bons coups et nouvelles stratégies de la semaine :

_____

_____

_____

_____

Mon portrait après 20 semaines

Wow! Vous en êtes à 20 semaines. C'est fantastique. Je sais qu'à cette étape-ci, vous êtes fier de vous. Peut-être même que c'est la première fois de votre vie que vous avez conservé le focus pour l'atteinte de votre poids santé aussi longtemps. Pour fêter ça dignement, je vous invite à faire le point et à regarder le chemin que vous venez de parcourir. Remplissez les données de ce troisième portrait intermédiaire et continuez. On se revoit dans six semaines. Bon succès!

«Êtes-vous toujours Kilo Motivé?»

Date : _____

Mon poids actuel : _____

Mon IMC actuel : _____

Taille de vêtements portée actuellement : _____

Mes nouvelles mensurations :

Taille : _____ Hanche : _____ Cou : _____

Bras : _____ Cuisse : _____ Poitrine : _____

Mollet : _____

Les bénéfices que j'ai ressentis jusqu'à maintenant :

_____

_____

_____

_____

Ce que je trouve toujours difficile :

_____

_____

_____

_____

Mes solutions pour remédier à ces difficultés :

_____

_____

_____

_____

Mes impressions après 20 semaines :

_____

_____

_____

_____

Témoignage réel d'une personne Kilo Motivée

J'avais un petit 10 kg (25 lb) en trop depuis des années. TOUS les soirs à la maison, j'avalais deux verres de blanc en arrivant (c'est TELLEMENT bon un sauvignon mordant ou un soave fruité 100 % inox en apéro), avec deux ou trois morceaux de baguette fraîche trempés dans la meilleure des huiles d'olive extra-vierge. Puis, venaient les essentiels verres de rouge avec le repas. Deux ou trois, au moins, suivis d'un petit dernier à siroter sur le canapé en écoutant un peu de jazz. Comment pouvais-je même imaginer survivre à cette disette anti-épicurienne appréhendée ?

Eh bien, à la suite de votre conférence, le lendemain, en ouvrant le placard, je me suis surpris à baisser les yeux lorsque mon pantalon de taille 34 m'a regardé. Puis je me suis vu en train de l'enfiler quelque part au cours de l'été prochain. CLIC ! Élément déclencheur... Le gros bol comble de muesli habituel a été troqué contre un petit bol normal. À midi, un sandwich et une soupe ont remplacé les ordinaires sandwich-chips-rechips-coca. À l'apéro, crudités avec trempette au yogourt (avec un soupçon de mayo, tout de même) et deux onces de blanc. Au souper, portion unique d'un excellent riz créole aux légumineuses, avec un petit verre d'un rouge de Douro épicé et généreux suivi IMMÉDIATEMENT – et c'est là mon truc – d'un bol de framboises décongelées, de yogourt nature et d'un soupçon de sirop d'érable ! Mmmmh... L'antidote-miracle. Je ne suis pas capable de boire du vin après un dessert ! C'est terminé. C'est soit le dessert, soit le vin. Je me suis privé des tas de fois du dessert de ma blonde pour pouvoir m'adonner à mon « sirotage vinicole » de soirée. Mais j'avais oublié... que c'est donc bon du dessert !

Eh oui, JE SURVIS ! C'est comme ça depuis quatre mois. Bravo pour l'idée de ces conférences ! Mais l'idée n'est pas tout. Il s'agissait de sauter... N'est-ce pas, Guy ?

– Claude

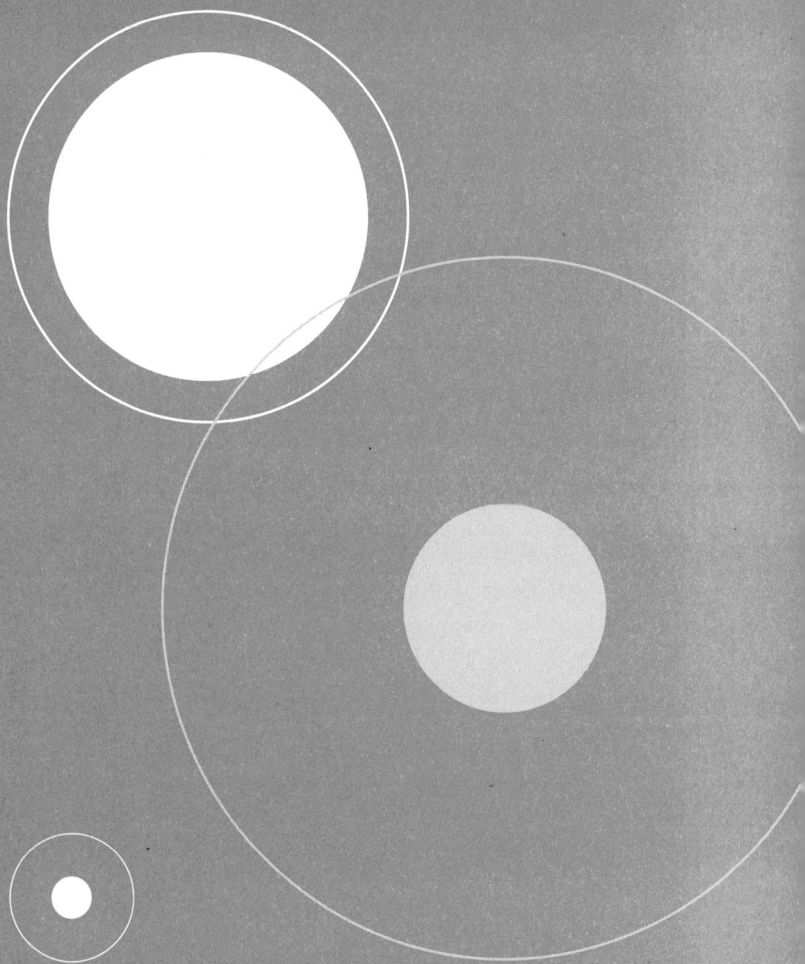

Semaine 21

Date : _____

Mon poids au début de la semaine : _____

MANTRA DE LA SEMAINE :
Je sens que mon cœur est de plus en plus en santé.

Guy vous coache

Nous sommes maintenant dans la dernière ligne droite du coaching Kilo Motivé. Près de cinq mois se sont écoulés depuis le début de votre périple vers votre poids santé. Pour fêter cela, parlons un peu de sexe… ou de flirt !

J'ose quelques questions personnelles, mais qui vous permettront de vous rendre compte de certains faits :

– Avez-vous remarqué des changements par rapport à l'intensité de votre désir ?

– Messieurs, physiquement, est-ce que vous avez remarqué des améliorations dans vos « performances » ?

– Mesdames, vous sentez-vous plus désirables et désirées ? Plus aventureuses ?

– Vous sentez-vous plus « proche » de votre partenaire ?

– Est-ce que votre nouveau poids vous permet des fantaisies que vous ne pouviez imaginer par le passé ?

– Pour ceux qui sont à la recherche de l'âme sœur, vous sentez-vous plus confiant de pouvoir « flirter » ?

Il y a bien sûr d'autres questions que j'aurais envie de vous poser, mais ce n'est quand même pas un livre érotique. Je vous invite cependant à vous les poser afin de vous rendre compte des bénéfices que vos efforts concernant votre alimentation et votre entraînement ont eu sur votre vie sexuelle.

Je fais le pari que votre vie sexuelle ou amoureuse s'est améliorée sur plusieurs aspects grâce à votre perte de poids. N'est-ce pas là une excellente raison pour continuer ou pour maintenir votre poids santé ? Je suis certain que vous répondrez « oui » à cette question. Alors, continuez !

Bonne semaine !

Mon niveau de motivation : 0 1 2 3 4 5

Mes choix d'activités physiques cette semaine sont :

_____

_____

_____

	Nombre de calories mangées et bues				Nombre de calories dépensées à faire de l'activité physique	Total
	Déjeuner	Dîner	Souper	Collations		
Dimanche	+	+	+	−	=	
Lundi	+	+	+	−	=	
Mardi	+	+	+	−	=	
Mercredi	+	+	+	−	=	
Jeudi	+	+	+	−	=	
Vendredi	+	+	+	−	=	
Samedi	+	+	+	−.	=	

DÉFI DE LA SEMAINE :
Redresser mon torse lorsque je suis assis.

Difficultés, bons coups et nouvelles stratégies de la semaine :

_____

_____

_____

_____

Semaine 22

Date : _____

Mon poids au début de la semaine : _____

MANTRA DE LA SEMAINE :

Mes efforts ressemblent de moins en moins à des efforts. Ils me procurent même un certain plaisir.

Guy vous coache

Je ne sais pas ce que vous en pensez, mais après cinq mois de discipline et d'efforts soutenus, ne trouvez-vous pas que vous avez une plus grande force de caractère qu'auparavant ? C'est souvent ce qui arrive lorsqu'on relève de grands défis. J'ai ressenti la même chose lorsque j'ai été guéri du cancer, en 1999. J'avais un sentiment de puissance incroyable. Je ne vous cacherai pas que cette « victoire » a probablement influencé ma capacité à perdre du poids. « Si j'ai été capable de vaincre le cancer, je suis capable de perdre mon 36 kg (80 lb) une fois pour toutes », me suis-je dit. La force de caractère découlant du défi que vous venez de relever peut maintenant vous servir dans d'autres pans de votre vie.

Tous les êtres humains sont capables de relever les défis qu'ils rencontrent dans leur vie. J'en ai la conviction absolue. Vous êtes en train de faire la preuve que vous pouvez relever VOTRE défi santé et perdre votre poids en trop.

Maintenant que vous vous savez capable de relever des défis d'envergure, quels autres défis aimeriez-vous relever afin de continuer à goûter ce plaisir ? Recommencer à faire du ski ? Sauter en parachute ? Vous inscrire à une course de 5 km ou, pourquoi pas, au demi-marathon ? Grimper le Kilimandjaro ? Faire du triathlon et participer à une compétition Ironman ? Marcher pour une cause qui vous tient à cœur ? Pourquoi pas ? Tout est possible. Faites-vous plaisir !

Quel défi personnel aimeriez-vous relever ?

_____

Quand allez-vous le faire ?

_____

Bonne semaine !

Mon niveau de motivation : 0 1 2 3 4 5

Mes choix d'activités physiques cette semaine sont :

_____

_____

_____

	Nombre de calories mangées et bues				Nombre de calories dépensées à faire de l'activité physique	Total
	Déjeuner	Dîner	Souper	Collations		
Dimanche	+	+	+	−	=	
Lundi	+	+	+	−	=	
Mardi	+	+	+	−	=	
Mercredi	+	+	+	−	=	
Jeudi	+	+	+	−	=	
Vendredi	+	+	+	−	=	
Samedi	+	+	+	−	=	

DÉFI DE LA SEMAINE :
Organiser une partie de soccer amicale avec mes enfants ou des amis dans la cour.

Difficultés, bons coups et nouvelles stratégies de la semaine :

_____

_____

_____

_____

Semaine 23

Date : _____

Mon poids au début de la semaine : _____

MANTRA DE LA SEMAINE :
J'ai maintenant une discipline exemplaire.

Guy vous coache

Il ne reste que quatre semaines à votre coaching Kilo Motivé. Bravo, vous êtes vraiment extraordinaire. Je vous suggère donc, question de faire le point sur le chemin que vous venez de parcourir, de faire la liste des « bénéfices insoupçonnés » que vous a apportés votre perte de poids.

En ce qui me concerne, ma perte de poids significative m'a donné le courage de foncer et d'approcher différentes chaînes de télévision pour y tenir des chroniques. Chose que je ne voulais pas faire avant parce que je ne voulais pas me VOIR à la télé, qui en plus rajoute ± 7 kg (15 lb). Ça m'a incité à porter des vêtements plus colorés, alors qu'avant je m'en tenais au gris et au noir. Ça m'aide aussi à aller aborder des inconnus plus facilement, dans des 5 à 7 ou des cocktails d'affaires alors qu'avant je restais dans mon coin. Je peux maintenant me baigner torse nu au lieu de garder mon t-shirt. Je me permets aussi d'enlever mon veston dans certaines conférences et de me mettre en chemise, alors qu'auparavant je conservais toujours mon veston pour cacher mes bourrelets. Je peux maintenant faire de plus longues randonnées de vélo, alors que je m'en tenais à un petit 30 minutes pépère auparavant, etc.

Ce sont là des petits détails que les gens sveltes ne peuvent comprendre, mais qui font toute une différence pour les ex-obèses. Vous voyez ce que je veux dire… Je suis certain que vous ressentez maintenant des bénéfices qui s'apparentent aux miens. Je vous propose de les noter ici afin de vous motiver à garder le cap.

Quels bénéfices retirez-vous de votre perte de poids ?

_____

_____

Bonne semaine !

Mon niveau de motivation :   0   1   2   3   4   5

Mes choix d'activités physiques cette semaine sont :

_____

_____

_____

	Nombre de calories mangées et bues				Nombre de calories dépensées à faire de l'activité physique	Total
	Déjeuner	Dîner	Souper	Collations		
Dimanche	+	+	+	−	=	
Lundi	+	+	+	−	=	
Mardi	+	+	+	−	=	
Mercredi	+	+	+	−	=	
Jeudi	+	+	+	−	=	
Vendredi	+	+	+	−	=	
Samedi	+	+	+	−	=	

DÉFI DE LA SEMAINE :
S'autoriser une extravagance vestimentaire.

Difficultés, bons coups et nouvelles stratégies de la semaine :

_____

_____

_____

_____

Semaine 24

Date : _____

Mon poids au début de la semaine : _____

MANTRA DE LA SEMAINE :

Je suis heureux parce que j'ai accompli quelque chose de grand.

Guy vous coache

Je ne sais pas si vous avez remarqué, mais «le bonheur est dans l'accomplissement» et non dans le «résultat». Il est possible que vous ressentiez quelque chose de semblable lorsque vous aurez atteint votre objectif de poids santé. Les efforts que vous mettez actuellement et la cadence de vos entraînements font que vous vivez comme si vous étiez en «mission». Lorsque votre mission sera terminée, au début, vous serez très heureux, mais avec le temps, vous vous habituerez à votre nouvelle silhouette au point d'oublier que vous étiez «enrobé» auparavant. Là, le danger vous guette. Celui de retourner à vos vieilles habitudes et de reprendre vos kilos.

S'il vous plaît ne prenez pas cet avertissement à la légère. La majorité des gens qui perdent du poids retombent dans leurs vieilles habitudes. Le risque que ça vous arrive est donc très élevé. Mais ça ne vous arrivera pas, n'est-ce pas ?

Cette crainte de faire une «rechute» est permanente. Ça fait sept ans que j'ai maigri, mais je l'ai encore et je l'aurai toujours.

Voici quatre conseils pour vous éviter de rechuter :

– Ne changez rien à votre routine d'activité physique. Elle est aussi essentielle que vous laver chaque jour. Elle fait maintenant partie de votre vie.

– Ayez toujours avec vous une photo de vous «avant» et une photo «après». Elle va vous rappeler le passé et vous garder motivé.

– Engagez-vous «émotionnellement» auprès des autres. Criez haut et fort que vous ne reprendrez jamais le poids perdu. Votre «ego» ne veut pas que vous ayez l'air fou et vous ferez ce qu'il faut pour maintenir votre poids.

– Trouvez-vous un autre défi à relever.

Encore aujourd'hui, je suis ces quatre conseils à la lettre.

Bonne semaine !

Mon niveau de motivation : ⓪ ① ② ③ ④ ⑤

Mes choix d'activités physiques cette semaine sont :

_____

_____

_____

	Nombre de calories mangées et bues				Nombre de calories dépensées à faire de l'activité physique	Total
	Déjeuner	Dîner	Souper	Collations		
Dimanche	+	+	+	−	=	
Lundi	+	+	+	−	=	
Mardi	+	+	+	−	=	
Mercredi	+	+	+	−	=	
Jeudi	+	+	+	−	=	
Vendredi	+	+	+	−	=	
Samedi	+	+	+	−	=	

DÉFI DE LA SEMAINE :
*Me trouver un endroit pour dîner
à 15 minutes de marche.*

Difficultés, bons coups et nouvelles stratégies de la semaine :

_____

_____

_____

_____

Semaine 25

Date : _____

Mon poids au début de la semaine : _____

Guy vous coache

Je ne sais pas pourquoi, mais c'est fou comme le fait de perdre du poids frappe l'imaginaire des gens. J'ai vaincu le cancer et personne ne m'a jamais félicité. Mais le fait de perdre 36 kg (80 lb) m'a hissé au niveau des superhéros. Que voulez-vous, c'est comme ça !

Alors, que vous le vouliez ou non, si votre perte de poids est significative (j'imagine que oui si vous suivez le coaching Kilo Motivé pendant 26 semaines), vous deviendrez vous aussi une sorte de « vedette » de la perte de poids dans votre entourage. Les gens, parfois même des inconnus, vont vous féliciter et vous demander vos trucs.

Certains vous diront qu'eux aussi, ils ont déjà perdu x kg, mais les ont repris à cause de… D'autres vous diront qu'ils vont s'y mettre sous peu en utilisant l'expression consacrée de ceux qui temporisent, le fameux « faudrait bien ». Il y en aura aussi qui vont vous faire des confidences. Ils vont vous raconter les raisons pour lesquelles ils ont du poids en trop depuis leur tendre enfance. J'ai vécu tout ça. Vous comprenez maintenant pourquoi j'ai pu rédiger une liste d'excuses si complète. Je les ai toutes entendues.

En tant qu'ex-obèses, nous sommes les mieux placés pour témoigner qu'il est possible pour tout le monde d'y arriver, que les efforts fournis en valent vraiment la peine et que jamais nous ne retournerons en arrière.

Entre vous et moi, ce « statut » que les autres nous accordent, dû au fait que nous avons été capables de relever notre défi de perte de poids, devient aussi une incroyable motivation à ne pas le reprendre. C'est ce qui est le plus important. Êtes-vous motivé à maintenir votre poids santé pour le reste de vos jours ?

Bonne semaine !

Mon niveau de motivation : 0 1 2 3 4 5

Mes choix d'activités physiques cette semaine sont :

_____

_____

_____

	Nombre de calories mangées et bues				Nombre de calories dépensées à faire de l'activité physique	Total
	Déjeuner	Dîner	Souper	Collations		
Dimanche	+	+	+	−	=	
Lundi	+	+	+	−	=	
Mardi	+	+	+	−	=	
Mercredi	+	+	+	−	=	
Jeudi	+	+	+	−	=	
Vendredi	+	+	+	−	=	
Samedi	+	+	+	−	=	

DÉFI DE LA SEMAINE :
Marcher la tête haute,
car j'ai de quoi être fier.

Difficultés, bons coups et nouvelles stratégies de la semaine :

_____

_____

_____

_____

Votre coaching Kilo Motivé

Semaine 26

Date : _____

Mon poids au début de la semaine : _____

MANTRA DE LA SEMAINE :

*Mes nouveaux accomplissements
me remplissent de joie.*

Guy vous coache

Disons-nous les choses franchement. Est-ce que ç'a été si difficile que ça ? Pas vraiment, n'est-ce pas ? C'est ce que tout le monde ressent une fois l'objectif atteint. On oublie les efforts investis et on goûte la plénitude du résultat.

Je sais qu'il est difficile de traduire « en mots » ce que vous ressentez. « C'est indescriptible, comme émotion », mentionnent les gens qui ont atteint le sommet de l'Everest. Vous vous sentez probablement comme eux.

En ce qui me concerne, si vous aviez plus de 22 kg (50 lb) à perdre, je considère que ce que vous venez d'accomplir est l'équivalent, mentalement, de gravir l'Everest ou de gagner une médaille olympique. Vous êtes E-X-T-R-A-O-R-D-I-N-A-I-R-E. Le savez-vous ? Vous venez d'accomplir ce qu'une majorité de gens n'arrivent pas à faire.

Ce plaisir incommensurable doit cependant demeurer en vous pour toujours. Il est garant du maintien de votre motivation et de votre poids santé. Vous devez le conserver précieusement.

Votre sentiment intime d'avoir accompli quelque chose de grand, c'est votre trésor personnel. Prenez-en soin. Visitez-le souvent en pensée ! Répétez-vous intérieurement que vous êtes un champion ! Félicitez-vous ! Aimez-vous ! Souriez ! Vous êtes heureux !

Plus nous serons nombreux à réussir l'exploit d'une perte de poids durable, plus il y aura de gens qui décideront de s'y mettre. Qui sait, avec le temps, tous ensemble, peut-être finirons-nous par vaincre le surpoids et l'obésité à tout jamais ?

Bravo !

Mon niveau de motivation : ⓪ ① ② ③ ④ ⑤

Mes choix d'activités physiques cette semaine sont :

_____

_____

_____

	Nombre de calories mangées et bues				Nombre de calories dépensées à faire de l'activité physique	Total
	Déjeuner	Dîner	Souper	Collations		
Dimanche	+	+	+	−	=	
Lundi	+	+	+	−	=	
Mardi	+	+	+	−	=	
Mercredi	+	+	+	−	=	
Jeudi	+	+	+	−	=	
Vendredi	+	+	+	−	=	
Samedi	+	+	+	−	=	

DÉFI DES SEMAINES À VENIR :

Conserver mes habitudes santé
pour le reste de ma vie.

Difficultés, bons coups et nouvelles stratégies de la semaine :

_____

_____

_____

_____

Mon portrait après 26 semaines

Vos 26 semaines de coaching Kilo Motivé sont maintenant terminées. Je suis certain que vous êtes très fier de vous. Peut-être que vous avez eu quelques petits relâchements, mais vous vous êtes repris dès le lendemain. Bravo! Après six mois de perte de poids, votre silhouette doit vraiment avoir changé. Je sais que vous paraissez quelques années de moins. Ceux d'entre vous qui ont atteint leur objectif peuvent augmenter légèrement le nombre de calories consommées chaque jour. Cependant, je suggère fortement de poursuivre l'activité physique à la même cadence. Pourquoi abandonner une si bonne habitude?

Pour ceux qui ont encore du poids à perdre, allez, continuez.

Je vous pose encore la même question: «Êtes-vous Kilo Motivé?»

Date: _____

Mon poids actuel: _____

Mon IMC actuel: _____

Taille de vêtements portée actuellement: _____

Mes nouvelles mensurations:

Taille: _____ Hanche: _____ Cou: _____

Bras: _____ Cuisse: _____ Poitrine: _____

Mollet: _____

Ce que ma perte de poids a changé dans ma vie:

_____

_____

_____

_____

Portrait de Guy Bourgeois après 75 semaines

Nom : _____ Guy Bourgeois _____

Date : _____ Mars 2007 _____

Mon nouveau poids : _____ 73 kg (161 lb) _____

Mon nouvel IMC : _____ 25 _____

Taille de vêtements portée : _____ Medium _____

Mes nouvelles mensurations :

Taille : 86 cm (34 po)   Hanche : ____?____   Cou : 38 cm (15 po)

Bras : ____?____   Cuisse : 56 cm (22 po)   Poitrine : 107 cm (42 po)

Mollet : ____?____

Ce que ma perte de poids a changé dans ma vie :

Ç'a changé ma vie du tout au tout. Je suis fier de moi.

Je suis plus en forme. Je suis plus beau. Je ne suis pas gêné

de me regarder. Ma santé est meilleure, etc. Je m'aime !

_____

Pour toujours

Félicitations !

Si vous lisez ceci, j'imagine alors que vous avez atteint votre objectif. D'abord, je vous offre toutes mes félicitations, vous avez de quoi être fier. Vous venez probablement de relever un des grands défis de votre vie. Si ce n'est le plus grand.

Je crois qu'à ce stade, bien des choses ont dû changer dans votre vie et que vous avez commencé à ressentir les nombreux avantages dont je vous ai fait part précédemment.

Je vous laisse goûter cet immense plaisir, il vous appartient.

Doser le retour à l'alimentation normale

Au-delà de la fierté et des célébrations personnelles, vous devez aussi rajuster votre alimentation pour *ne plus* perdre de poids. Au début, ça vous fera tout drôle. Il faut manger plus ! Oh, c'est bizarre.

C'est assez simple, vous n'avez qu'à ajouter des calories à votre régime alimentaire quotidien pour qu'il soit au niveau « maintien ». Vous pouvez vous fier au tableau des calories à la page 22. En ce qui me concerne, j'ai décidé d'équilibrer mes quelque 500 Calories supplémentaires tout au long de la journée. Par exemple, j'ai ajouté une rôtie de plus au déjeuner, j'ai augmenté légèrement mes portions lors du repas du midi et j'ai fait la même chose pour le soir.

Le tout s'est fait en douceur. Je n'ai jamais recommencé à grignoter entre les repas, ni avant de me coucher d'ailleurs. J'ai toujours continué de compter mes calories quotidiennement et je le fais encore. Ma conjointe fait de même.

Pour moi, le retour à l'alimentation normale, ce n'est pas retrouver mes vieilles habitudes, mais bien la poursuite de la discipline alimentaire qui m'a permis autant de bonheur. Il n'est pas question de retourner en arrière.

J'ai toujours affirmé haut et fort : « JAMAIS JE NE REPRENDRAI LE POIDS QUE J'AI PERDU EN 2005-2006. » Je fais donc ce qu'il faut pour ne pas que ça arrive. Vous devriez adopter la même attitude.

Comment maintenir votre poids et éviter les rechutes

Vous vous attendez probablement à ce que je vous dévoile LE secret pour maintenir votre poids pour le reste de votre vie. Désolé, je ne le connais pas.

Par contre, je vous offre ce conseil. Au-delà de la grande fierté que je vous ai suggéré d'afficher précédemment, vous devriez aussi demeurer très humble par rapport à votre situation. Un peu comme les alcooliques, je crois que nous devons être conscients de notre fragilité.

Il n'y a pas de rémission complète pour l'obésité. Contrairement aux gens qui ont déjà été atteints du cancer et qui doivent attendre cinq ans avant de se considérer guéris, les gens qui ont été obèses devront toujours se surveiller.

En ce qui me concerne, je suis très conscient que je devrai toujours me surveiller, car je sais que si je ne le fais pas, je reprendrai rapidement le poids perdu. J'aime manger. J'aime les desserts. J'aime les frites. J'aime les pâtes. Je n'aime pas les légumes. Le cocktail est toujours explosif pour un retour à l'obésité si je ne fais pas attention. C'est pourquoi je reste toujours vigilent.

Au moment d'écrire ces lignes, ça fait sept ans que j'ai modifié mon alimentation. Je maintiens toujours mon poids santé, non sans effort, mais bon sang que ça vaut la peine!

Célébrez votre victoire

Avec l'humilité vient aussi le doute. Eh oui, la fameuse peur de ne pas être à la hauteur et de reprendre les kilos que nous avons mis tant d'efforts à perdre. Ce doute est normal.

Pour le combattre, je vous suggère de célébrer votre victoire. Voici des suggestions:

» Remplacez les papiers sur lesquels était inscrit votre objectif par des papiers de «félicitations».

» Récompensez-vous. Achetez-vous de nouveaux vêtements. Changez de look. Innovez. N'ayez pas peur d'afficher votre nouvelle silhouette.

» Prenez-vous en photo. Il ne s'agit pas de développer le syndrome de Narcisse, mais simplement de graver votre nouveau look dans votre esprit. Il faut vous habituer à vous voir ainsi.

» Rédigez vos mémoires. Beaucoup de gens ressentent un besoin profond d'écrire. Ils ont livré un dur combat et ont envie de le crier sur tous les toits. Certains ont même envie d'écrire un livre sur leur perte de poids – comme moi lorsque l'idée m'est venue de contacter Isabelle Huot. Vous connaissez la suite.

» Faites la liste des bienfaits que vous ressentez au quotidien. Je le fais encore. Lorsque je pratique une activité «physique», il m'arrive souvent, mentalement, de comparer ce que je vivais avant et ce que je vis maintenant. Même après sept ans, cela m'apporte beaucoup de satisfaction.

» Pour votre entourage et à votre travail, vous deviendrez sûrement une sorte de «vedette» ou de confident. Alors pourquoi ne pas vous rendre disponible pour aider d'autres personnes à relever le même défi que vous? Ça aura un double effet. Vous aiderez des gens et vous resterez motivé.

Il est important de célébrer votre victoire sans toutefois retomber dans vos anciens excès.

De l'espoir

Avec toute l'importance que la société donne maintenant à la santé et à la durée de vie, vous aurez sûrement remarqué qu'il y a de plus en plus d'adultes qui perdent du poids. Peut-être que mon opinion est biaisée, mais il me semble que de plus en plus de gens relèvent le défi, se prennent en main et changent leur existence. Bravo! C'est une excellente nouvelle et j'espère que d'autres encore emboîteront le pas.

Ce n'est toutefois pas le cas pour les plus jeunes et les adolescents, qui, eux, grandissent dans une abondance alimentaire sans précédent et sont entourés de technologies qui les incitent à demeurer oisifs et sédentaires.

S'ils ne se prennent pas en main comme moi (et peut-être comme vous), ils souffriront des inconvénients reliés à l'obésité et réduiront leur espérance de vie. Ce sont nos enfants ou petits-enfants et ils ne méritent pas ça. Je suis extrêmement fier de leur servir d'exemple. Et vous?

Vous méritez maintenant VOTRE certificat :

Kilo Motivé

Date : _____

Nom : _____

C'est avec beaucoup de fierté que j'affirme avoir vaincu
mon poids en trop.

Le _____ (date), je pesais _____,

et aujourd'hui _____ (date), je pèse _____.

Avec cet accomplissement, je peux déclarer que je suis
une personne extraordinaire.

Votre signature _____

Le mot de la fin

Où est le bonheur ? Y avez-vous déjà pensé ? Pour moi, le
bonheur est dans l'instant présent. C'est-à-dire dans cette
capacité rare d'être conscient que le moment présent est le
plus important de tous.

Vivre dans le moment présent, c'est le bonheur total.
C'est quelque chose que je n'étais pas capable de faire complètement avant. Maintenant, j'en suis capable.

Annexes

Apport calorique de quelques aliments usuels

Note importante : Le nombre de calories est donné à titre indicatif seulement. Pour les mets préparés, le nombre de calories (suivi d'un astérisque) peut varier considérablement selon la recette et les ingrédients utilisés.

Fruits	Calories
Ananas (125 ml – ½ tasse)	39
Banane (1)	100
Bleuets (125 ml – ½ tasse)	44
Clémentine (1)	35
Fraises (125 ml – ½ tasse)	28
Framboises (125 ml – ½ tasse)	34
Kiwi (1)	50
Melon miel (125 ml – ½ tasse)	32
Orange (1)	62
Pêche (1)	50
Poire (1)	100
Pomme avec pelure (7 cm – 3 po diam.)	72
Prune (1)	30
Raisins (20)	69
Légumes	
Brocoli (125 ml – ½ tasse)	16
Carottes naines crues (8)	28
Céleri (1 tige)	6
Champignons (125 ml – ½ tasse)	11
Chou-fleur (125 ml – ½ tasse)	13
Concombre, pelé (4 tranches)	3
Épinards, bouillis (125 ml – ½ tasse)	22

Haricots (verts, jaunes, italiens), frais ou congelés, bouillis (125 ml – ½ tasse)	22
Laitue boston et iceberg, hachée (250 ml – 1 tasse)	8
Laitue frisée, hachée (250 ml – 1 tasse)	9
Laitue romaine, hachée (250 ml – 1 tasse)	10
Laitue, mélange printanier (mesclun) (250 ml – 1 tasse)	12
Maïs, grains frais (épi 20 cm – 8 po) ou congelés, bouillis (125 ml – ½ tasse)	82
Poivron jaune (125 ml – ½ tasse)	25
Poivron rouge (125 ml - ½ tasse)	15
Poivron vert (125 ml – ½ tasse)	16
Pomme de terre au four, chair et pelure	161
Pomme de terre, bouillie, sans la pelure	116
Pommes de terre, en purée, maison, préparées avec du lait 2% et de la margarine (125 ml – ½ tasse)	116*
Pommes de terre, frites congelées et réchauffées au four (20 frites)	96*
Pommes de terre, frites, dans l'huile (20 à 25 frites)	236*
Tomate (1)	22

Pains et pâtisseries

Bagel nature (10 cm – 4 po diam.)	195*
Carré aux dattes maison (1)	226*
Crêpe nature maison (13 cm – 5 po diam.)	86*
Croissant au beurre (1)	231*
Gaufre maison (1)	103*
Muffin maison, taille moyenne (60 g – 2 oz)	200
Pain blanc commercial (1 tranche)	93
Pain brun commercial (1 tranche)	86
Pain aux bananes maison (1 tranche) (11 x 6 x 1 cm - 4 ½ x 2 ½ x ½")	196*
Pain doré maison (1 tranche)	149*

Produits laitiers

Crème 15% (15 ml – 1 c. à soupe)	24
Crème 35% (15 ml – 1 c. à soupe)	49

Crème glacée molle à la vanille (1 cornet régulier)	230*
Crème glacée régulière (1 boule) (125 ml – ½ tasse)	120-150*
Fromage cheddar ou suisse (25 g – env. 1 oz)	100*
Yogourt nature, 1 à 2% m.g. (175 ml – ¾ tasse)	114*
Yogourt vanille ou fruits, 1 à 2% m.g. (175 ml – ¾ tasse)	183*
Yogourt, parfait avec petits fruits et granola (175 ml – ¾ tasse)	233*
Yogourt glacé à la vanille (200 ml – env. ¾ tasse)	200*
Poissons et fruits de mer	
Aiglefin (100 g – 3 ⅓ oz cru)	112
Calmars panés et frits (125 ml – ½ tasse)	156*
Crevettes (100 g - 3 ⅓ oz crues)	99
Hareng de l'Atlantique (100 g – 3 ⅓ oz cru)	203
Homard (100 g – 3 ⅓ oz)	98
Moules, bouillies ou cuites à la vapeur (15 petites)	129
Pétoncles (100 g – 3 ⅓ oz)	88
Saumon de l'Atlantique (100 g – 3 ⅓ oz cru)	206
Sole/plie (100 g – 3 ⅓ oz crue)	117
Truite arc-en-ciel (100 g – 3 ⅓ oz crue)	150
Viande	
Bœuf	
Bifteck de côte de bœuf, grillé (75 g – 2 ½ oz)	232
Bifteck de haut de surlonge de bœuf, grillé (75 g – 2 ½ oz)	146
Bœuf haché, extra-maigre, émietté, sauté (75 g – 2 ½ oz)	167
Bœuf haché, régulier, émietté, sauté (75 g – 2 ½ oz)	243
Côte de bœuf, rôtie, (75 g – 2 ½ oz)	237
Palette de bœuf, rôtie, braisée (75 g – 2 ½ oz)	200
Porc	
Côtelette de longe de porc, grillée (75 g – 2 ½ oz)	180
Côtes levées, mijotées et rôties (75 g – 2 ½ oz)	251

Jambon rôti (75 g – 2 ½ oz)	124
Longe de porc, maigre, rôtie (75 g – 2 ½ oz)	108
Porc haché, maigre, sauté (75 g – 2 ½ oz)	175
Porc haché, mi-maigre, sauté (75 g – 2 ½ oz)	224
Salami, bœuf et porc (2 tranches)	118
Saucisses à déjeuner, porc et bœuf cuite (1) (13 g – ½ oz)	51
Saucisse italienne au porc, cuite (1) (75 g – 2 ½ oz)	258
Œufs et volaille	
Dinde, viande blanche sans peau, rôtie (75 g – 2 ½ oz)	116
Dinde, viande blanche avec peau (75 g – 2 ½ oz)	143
Dinde, viande brune sans peau, rôtie (75 g – 2 ½ oz)	139
Dinde, viande brune avec peau, rôtie (75 g – 2 ½ oz)	162
Poulet, ailes avec peau (75 g – 2 ½ oz)	218
Poulet, poitrine, rôtie (75 g – 2 ½ oz)	119
Poulet, pilons avec peau, rôtis (75 g – 2 ½ oz)	161
Poulet, viande brune sans peau, rôtie (75 g – 2 ½ oz)	127
Œufs brouillés (2)	189
Œuf cuit dur/à la coque (1 gros)	78
Boissons	
Alcoolisées	
Bière légère (1 bouteille)	109*
Bière régulière (1 bouteille)	140*
Champagne (125 ml – ½ tasse)	95
Vin blanc (125 ml – ½ tasse)	90
Vin de dessert (100 ml – 3 oz)	155
Sangria (250 ml – 1 tasse)	160*
Non alcoolisées	
Café latte (250 ml – 1 tasse)	101*
Café régulier (250 ml – 1 tasse)	3
Lait frappé à la vanille (250 ml – 1 tasse)	195*

Lait frappé au chocolat (250 ml – 1 tasse)	223*
Barbotine (500 ml – 2 tasses)	377*
Thé chai latte (250 ml – 1 tasse)	149*
Thé (250 ml – 1 tasse)	3
Tisane (250 ml – 1 tasse)	3
Sucres et sucreries	
Cassonade (5 ml – 1 c. à thé)	11
Chocolat au lait (100 g – 3 ⅓ oz)	516*
Chocolat blanc (100 g – 3 ⅓ oz)	540*
Chocolat noir (100 g – 3 ⅓ oz)	495*
Miel (5 ml – 1 c. à thé)	20
Sirop d'érable (5 ml – 1 c. à thé)	17
Sucre blanc (5 ml – 1 c. à thé)	16
Condiments et matières grasses	
Beurre (15 ml – 1 c. à soupe)	103
Beurre d'arachides naturel (15 ml – 1 c. à soupe)	40*
Huile végétale (olive, tournesol, soya, etc.) (15 ml – 1 c. à soupe)	122
Ketchup (15 ml – 1 c. à soupe)	15
Mayonnaise (15 ml – 1 c. à soupe)	100
Moutarde (15 ml – 1 c. à soupe)	11
Salsa (15 ml – 1 c. à soupe)	5
Tartinade choco-noisettes (15 ml – 1 c. à soupe)	100*
Vinaigrette crémeuse (césar, française, ranch) (15 ml – 1 c. à soupe)	75*
Vinaigrette crémeuse sans gras (15 ml – 1 c. à soupe)	21*
Vinaigrette italienne (15 ml – 1 c. à soupe)	43*

Source: (Consultez cette adresse pour une liste plus complète) :
http://www.hc-sc.gc.ca/fn-an/alt_formats/pdf/nutrition/
fiche-nutri-data/nvscf-vnqau-fra.pdf

Bouger pour dépenser 500, 1000 ou 1500 Calories par semaine

Toute activité physique, même brève, entraîne une dépense énergétique. Plus l'intensité est élevée, plus courte sera la durée pour dépenser une quantité d'énergie (calories) donnée. Pour vous assurer d'atteindre vos objectifs de perte de poids, prévoyez chaque semaine vos séances d'activité physique à l'aide du tableau ci-dessous. Si vous faites de l'entraînement sur appareils stationnaires (vélo, tapis roulant, rameur, elliptique, stairmaster, etc.), vous pouvez utiliser la fonction de calcul des calories dépensées pour une estimation plus précise.

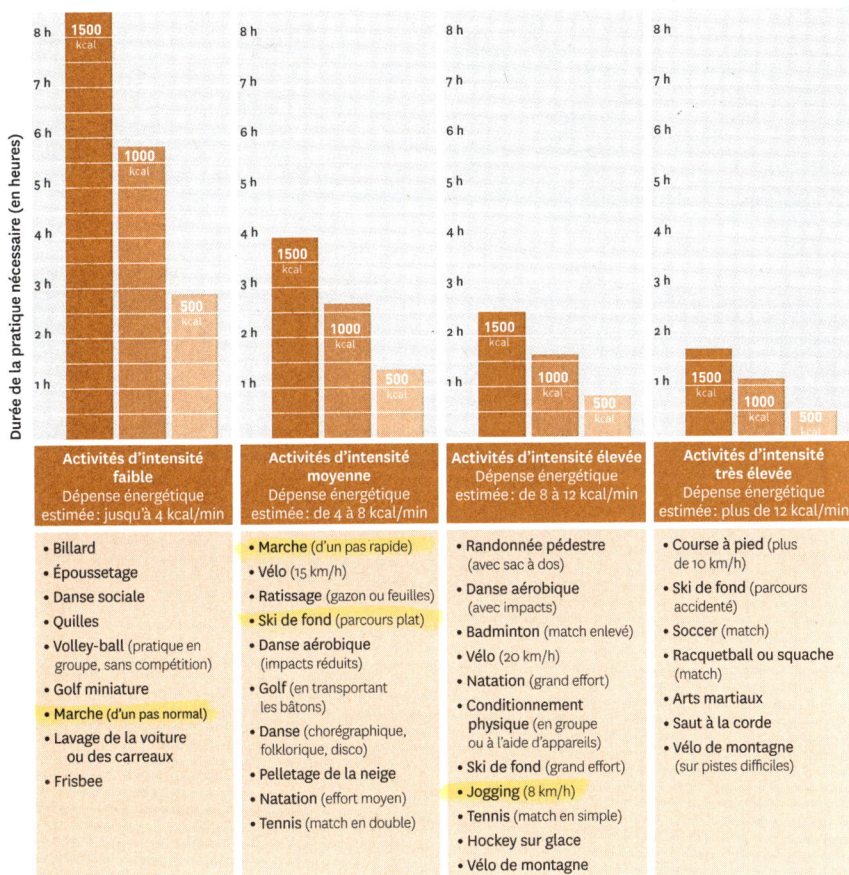

Activités d'intensité **faible** Dépense énergétique estimée : jusqu'à 4 kcal/min	Activités d'intensité **moyenne** Dépense énergétique estimée : de 4 à 8 kcal/min	Activités d'intensité **élevée** Dépense énergétique estimée : de 8 à 12 kcal/min	Activités d'intensité **très élevée** Dépense énergétique estimée : plus de 12 kcal/min
• Billard • Époussetage • Danse sociale • Quilles • Volley-ball (pratique en groupe, sans compétition) • Golf miniature • Marche (d'un pas normal) • Lavage de la voiture ou des carreaux • Frisbee	• Marche (d'un pas rapide) • Vélo (15 km/h) • Ratissage (gazon ou feuilles) • Ski de fond (parcours plat) • Danse aérobique (impacts réduits) • Golf (en transportant les bâtons) • Danse (chorégraphique, folklorique, disco) • Pelletage de la neige • Natation (effort moyen) • Tennis (match en double)	• Randonnée pédestre (avec sac à dos) • Danse aérobique (avec impacts) • Badminton (match enlevé) • Vélo (20 km/h) • Natation (grand effort) • Conditionnement physique (en groupe ou à l'aide d'appareils) • Ski de fond (grand effort) • Jogging (8 km/h) • Tennis (match en simple) • Hockey sur glace • Vélo de montagne	• Course à pied (plus de 10 km/h) • Ski de fond (parcours accidenté) • Soccer (match) • Racquetball ou squache (match) • Arts martiaux • Saut à la corde • Vélo de montagne (sur pistes difficiles)

Source : Comité scientifique de Kino-Québec (CSKQ, 1999b), *Quantité d'activité physique requise pour en retirer des bénéfices pour la santé. Synthèse de l'avis du comité scientifique de Kino-Québec et applications*, Québec, Direction des sports et de l'activité physique, ministère de l'Éducation, du Loisir et du Sport, 16 pages.

Bibliographie

BOURGEOIS, Guy, Isabelle HUOT et Josée LAVIGUEUR, *Kilo Cardio,* tomes 1 et 2, Montréal, Les Éditions de l'Homme, 2008 et 2010.

HUOT, Isabelle, *Kilo Solution,* Montréal, Les Éditions de l'Homme, 2011.

HUOT, Isabelle, *Les conseils santé d'Isabelle,* Montréal, Les éditions Publistar, 2008.

Remerciements

Merci à ma conjointe Myriam pour avoir été mon «âme sœur» durant mon périple vers mon poids santé, ainsi que pour son aide pour la rédaction de ce livre.

Merci à mon éditeur, Erwan Leseul et à toute à l'équipe des Éditions de l'Homme, pour avoir accepté de publier un livre sur la perte de poids qui ne parle pas d'alimentation ni d'exercice. Merci d'avoir embarqué dans ce projet un peu fou.

Un merci tout à fait spécial à Élizabeth Paré, éditrice adjointe aux Éditions de l'Homme, pour les *challenges* et les remises en questions qu'elle m'impose.

Merci à tous ceux qui m'ont fait me sentir meilleur en me demandant: «Comment t'as fait pour maigrir?»

Maintenant, vous le savez!

Pour joindre Guy Bourgeois:
450-584-2660
info@formax.qc.ca

Guy est aussi présent sur la toile de multiples façons:
guybourgeois.com
formax.qc.ca

Facebook: facebook.com/KiloMotive
facebook.com/#!/guybourgeois.page
Twitter: twitter.com/GuyBourgeois1

Table des matières

Suivez-nous sur le Web

Consultez nos sites Internet et inscrivez-vous à l'infolettre
pour rester informé en tout temps de nos publications
et de nos concours en ligne.
Et croisez aussi vos auteurs préférés
et notre équipe sur nos blogues !

EDITIONS-HOMME.COM
EDITIONS-JOUR.COM
EDITIONS-PETITHOMME.COM
EDITIONS-LAGRIFFE.COM

Achevé d'imprimer au Canada
sur papier Enviro 100 % recyclé